선구적 연구와 문학적 통찰

헐버트와 게일이 본 한국 문학

선구적 연구와 문학적 통찰
헐버트와 게일이 본 한국 문학

초판 1쇄 발행 2025년 10월 1일

지은이 호머 베절릴 헐버트 · 제임스 스카스 게일
옮긴이 김선열
펴낸이 장현수
펴낸곳 메이킹북스
출판등록 제 2019-000010호

디자인 홍규선
편집 최미영
교정 안지은
마케팅 김소형

주소 서울특별시 구로구 경인로 661, 핀포인트타워 912-914호
전화 02-2135-5086
팩스 02-2135-5087
이메일 making_books@naver.com
홈페이지 www.makingbooks.co.kr

ISBN 979-11-6791-761-4(93810)
값 18,000원

ⓒ 김선열 2025 Printed in Korea

잘못된 책은 구입하신 곳에서 바꾸어 드립니다.
이 책의 전부 또는 일부 내용을 재사용하려면 사전에 저작권자와 펴낸곳의 동의를 받아야 합니다.

메이킹북스는 저자님의 소중한 투고 원고를 기다립니다.
출간에 대한 관심이 있으신 분은 making_books@naver.com로 보내 주세요.

선구적 연구와 문학적 통찰

헐버트와 게일이 본 한국 문학

호머 베절릴 헐버트 · 제임스 스카스 게일 **지음** | 김선열 **옮김**

메이킹북스

옮긴이의 말

　호머 베절릴 헐버트는 자신이 지은 시와 함께 한국의 전통 시와 민담을 영문으로 번역하고, 이를 서구 문학과 비교함으로써 한국 문학 속 삶의 감각과 정서를 생생하게 보여주었다. 그는 한국인의 문학적 특성을 포착하여 서구인의 시각에서 비교함으로써 그 의미와 가치를 분명히 드러냈다.

　제임스 스카스 게일은 한국 고전문학을 오랫동안 연구하며 그 가치를 밝혀냈다. 그는 한국 문학 전반을 아우르는 고찰과 소설을 포함한 다양한 장르의 특징을 조명하고, 서구인의 시각에서 비교·분석함으로써 한국 문학의 독창성과 보편적 가치를 제시하였다.

　이 책은 번역 과정에서 원문의 의미를 충실히 전달하는 데 주력하였다. 헐버트와 게일이 한국 문학을 어떻게 이해하고 분석했는지를 보여줌으로써 그 현대적 의미를 재발견하려는 것이다. 독자들은 두 학자의 통찰을 따라 한국 문학의 독창성과 융합 양상, 문화적 의미를 한층 깊이 있게 이해할 수 있을 것이다.

목 차

옮긴이의 말　　　　　　　　　　　4

I. 호머 베절릴 헐버트(1863-1949)

　1. 한국의 시　　　　　　　　　　8
　2. 한국 민담　　　　　　　　　　17

II. 제임스 스카스 게일(1863-1937)

　1. 문학에 관한 소고　　　　　　　62
　2. 한국 문학　　　　　　　　　　67
　3. 소설　　　　　　　　　　　　104
　4. 한국 민족사　　　　　　　　　107

I.

호머 베절릴 헐버트

(1863-1949)

1. 한국의 시

    생생한 방언으로 전해지는 이야기는 정말 재미있다. 하지만 문학에서 방언만큼 사람을 오해하게 하는 것도 없다. 그 이유는 방언 특유의 관용구와 발음의 독특함이 그 말을 일상적으로 사용하는 사람들에게는 전혀 느껴지지 않기 때문이다. 흑인 방언은 종종 웃기거나 애처롭게 느껴지는데, 그와 같은 감정을 느끼는 것은 흑인 자신이 아니라, 그의 억양, 관용구, 비유법의 특이함에 감명을 받은 외국인들이라는 사실을 기억해야 한다.

    외국인이 처음 한국인을 보면, 한국인의 복장 중 일부가 엉뚱하게 보여 웃음이 나기도 한다. 마찬가지로, 영어를 잘 모르는 사람들이 쓰는 간단한 영어, 즉 피진 영어도 처음 접하는 사람에게 비슷한 인상을 준다. 그러나 정작 한국인은 웃긴 모자를 썼다 해도, 중국인은 이상한 말투를 썼다 해도, 그들 스스로는 아무것도 웃기거나 우스운 일이 있다고 생각하지 않는다. 루디어드 키플링의 『터런스 멀바니』는 참 매력적이지만, 독자는 그가 슬퍼할 때 웃기도 하고, 정작 울고 있지 않을 때도 손수건을 찾으며 안타까움을 느끼기도 한다.

    이처럼 우리는 특히 앵글로색슨 인종과 근본적으로 다른 동아시아인들의 시를 접할 때 비슷한 착각에 빠진다. 만약 잠깐의 재미보다 이들 민족을 진정으로 이해하고 싶다면, 그 특이한 표현들이 그 언어 사용자에게 어떻게 받아들여지는지 살피는 것이 외국인에게 어떻게 느껴지는지 살피는 것보다 훨씬 의미 있다. 한국인이 "어르신, 진지는 잡수셨습니까?"라고 말하면, 우리는 "배고프시죠?"라고 이해한다. 하지만 그에게는 그 말이 그 이상도 이하도 아니다. 만약 우리에게 더 깊은 의미로 다가온다면, 단지 우리가 그의 언어 특성에 익숙하지 않기 때문이다.

그래서 나는 한국 노래나 시를 모두 직역하는 것을 거부한다. 그렇게 하면 『코리안 리포지터리』 독자 대부분에게는 한국인에게 전해지는 의미와 전혀 다르게 받아들여질 가능성이 크기 때문이다. 중요한 것은 원주민에게 전달되는 생각이나 감정을 독자에게도 똑같이 전달하거나 불러일으키는 것이다.

첫 번째 어려운 점은 한국 시가 아주 간결하게 표현된다는 것이다. 시에서 쓰인 단어들이 크게 중요하지 않은 것처럼 느껴질 때도 있다. 하지만 잘 배치된 몇 글자의 한자가 독자에게 여덟 줄짜리 시 한 구절보다 더 많은 뜻을 전할 수 있다.

그림을 모아 놓은 전시 공간을 지나가다 보면, 각 그림이 하나의 완성된 작품처럼 여러 가지 생각을 전하고, 때로는 마음속에 다양한 기억을 떠올리게 한다. 만약 '헌신'을 뜻하는 그림 대신 '헌신'이라는 글자나 헌신을 설명하는 짧은 글이 벽에 걸려 있다면 어떨까? 이것이 한국 시와 영시의 차이를 보여준다. 영어로 쓰인 시는 주로 귀로 듣는 시인 반면, 한국 시는 눈으로 보는 시다. 동양에는 웅변술 같은 말하기 예술이 거의 발달하지 않았다. 말은 주로 실용적인 도구로 쓰일 뿐이다.

한 글자에 깊은 뜻이 담긴 한국어를 예로 들면 '낙화(落花)'라는 말이 있다. '낙(落)'은 '떨어지다', '화(花)'는 '꽃'을 뜻한다. 즉 '떨어진 꽃'이라는 의미다. 이 글자를 보는 사람은 자연스럽게 어떤 시구의 뜻을 떠올리게 된다.

백제˚ 궁전 안에 슬픔의 소리가 울려 퍼진다.
비겁한 왕은 자신의 운명을 예감하며
모든 호위 군병에게 둘러싸여 달아났다.
무당의 주술과 피비린내 나는 제사도,
수많은 군대도 신라의 복수를 위한 물결을 막지 못했다.
도망, 그것은 비겁자가 찾는 길이다.
그러나 왕의 도망으로 인해 왕비는
과부보다 더한 고통 속에 남았다.
전쟁의 무자비함과
침략자의 모욕,
정복자의 냉혹한 조롱에
홀로 내던져졌다.
그녀는 조용히 떨고 있는 궁녀들 사이에 앉아 있었다.
시끄러운 울음과 절규가 그들의 고통을 전했지만,
그 어떤 소리보다도 그녀의 슬픔이 더 깊었다.
하지만 이내 그녀가 미소를 짓고는
궁녀들을 성 밖으로 이끌고 나갔다.
평화로운 시절, 자연 속에서 큰 잔치를 벌이던 그때처럼.
그러나 지금 그들 뒤에서는
무자비한 전쟁의 참혹한 함성이 울려 퍼지고,
그들은 혼령들이 깃든 강물 곁 절벽을 향해 서둘러 나아갔다.
가파른 벼랑길을 오르자, 그녀는 불타는 눈빛과 가슴으로
희망이 사라진 그 자리에 고귀하게 빛나는 불빛을 지폈다.
"모욕적인 적이
백제의 꽃들을 거두어 빼앗을 것이라고 자랑했구나.
하지만 그 자랑은 헛된 말임을 알게 될 것이다.

˚ 한국 남부의 고대 왕국 가운데 하나이다.

백제의 왕비가 결코
왕비답지 못했다는 말은 나오지 않을 것이다.
저 어두운 강물 속에서 혼령들이 기다리고 있다.
비록 심연이 깊고 죽음의 부름이 거칠지라도, 우리는 그 품에 몸을 맡기리라. 마치 부드러운 베개 위에 머리를 얹듯, 깨끗한 양심으로 고요히 잠들 것이다."
말을 마친 그녀는 궁녀들을 절벽 끝으로 불러 모았다.
손을 굳게 맞잡고 잠시, 슬픔을 나누며 서 있었다.
그리고 비장한 마음을 지닌 채 허공 속에 몸을 던졌다.
마치 4월 봄바람에 부드럽게 날리는 매화꽃잎처럼,
백제의 꽃들은 그렇게 떨어졌지만,
떨어지면서도
고결한 정절의 정상으로 솟아올랐다.

한국인은 민속 이야기 속에 시적인 암시를 곧잘 넣는다. 한 줄, 혹은 두 줄 정도 덧붙일 뿐이지만, 이러한 시적 표현은 본질적으로 매우 즉흥적이다. 일부러 앉아서 긴 서사시를 지어내기보다, 노래하지 않고는 견딜 수 없는 새처럼 자연스럽게 읊는다.

이런 방식의 대표적인 예는 『조웅전』의 조웅 이야기에서 볼 수 있다. 그는 주군의 왕좌를 빼앗은 찬탈자에게 경고하는 격문을 궁궐의 문에 내걸고, 남쪽의 한 사찰로 도망쳤다. 그리고 수년 동안 병법을 익힌 뒤, 마침내 그 찬탈자를 무찌르기 위해 세상으로 나왔다. 첫날, 그는 기이한 방식으로 검과 군마를 얻게 되었고, 그날 밤에도 여전히 승복을 입은 채 시골의 한 부유한 집에서 하룻밤 신세를 졌다.

방 안 창가에 서서 달빛이 비치는 풍경을 바라보던 그는, 요정의 손길이 닿은 듯한 거문고 소리를 들었다. 노랫말은 없었지만, 그 음악은 스스로 뜻을 전하고 있었다.

> 슬픈 마음, 내 슬픈 마음아
> 오랫동안 사랑의 샘을 기다리며
> 내 안에 겨울은 머물러야만 하는가?
> 사월의 꽃망울 터져 오는데
>
> 숲속 깊은 곳, 사랑의 부름 따라
> 그의 굳센 마음이 오두막을 세웠다.
> 내 영웅 맞이하려 운명에 이끌려
>
> 냉혹한 운명은 나를 조롱하듯
> 내 의지하던 이는 먼 곳으로 떠나버렸고
> 그 자리에 사랑의 희망마저 사라진 채
> 두건 쓴 승려만 남아 있었다.
>
> 나는 거문고를 들어
> 내 애틋한 마음 전하려 하고
> 하늘로부터 원앙새†를 불러
> 사랑의 징표요 기쁨의 예감으로 삼으려 한다.
>
> 운명은 하늘 한가운데서
> 새를 가두고
> 오직 사랑의 노래만 부를 새가 있어야 했으나

---

† 평생 짝을 찾아 그 곁을 떠나지 않는 새, 사랑과 충실함의 살아 있는 상징이다.

그 대신 까치[†] 한 마리가
내 가슴속으로 날아들었다.

이 애매한 칭찬에 불쾌해진 조웅은 늘 지녀 온 피리를 꺼내어 보이지 않는 비평가에게 의미 있는 선율로 응답한다.

> 십 년 동안 배움의 터전에 몸담으며, 나는 사랑이라 불리는 삶의 신성한 장소를 외면해왔다. 헛된 젊음으로, 자연의 비밀을 정복하면 삶의 가장 귀한 보석인 사랑을 얻을 수 있으리라 꿈꾸었으나 그 바람은 이루어지지 않았다.
> 오늘 밤, 아득한 세계로부터 한 목소리가 들려와 사랑의 등불을 밝히라 재촉하지만, 그 잔에 부을 기름은 채워주지 않는다. 아, 내 불운이여! 땅과 하늘 사이를 잇는 다리가 없음을 잘 알도다.
> 저 아름다운 달 위에 앉은 여인을 여왕이라 여기고, 그 가까운 친척이라 생각한다 해도, 내가 이 비파에 숨결을 불어넣어 지상의 모든 소리를 잠재울 만큼 부드럽게, 혹은 하늘을 뚫고 밤하늘에 울려 퍼지도록 할 수 있을까?

어쨌든 조웅은 곧 문제를 해결했다. 그들을 가로막고 있던 진흙담을 뛰어넘어 그녀에게 다가가 아내가 되어 달라는 약속을 받아냈다. 그 약속은 그가 찬탈자를 무찌르고 왕위를 되찾은 뒤 지켜졌다.

한국의 시는 모두 서정적인 성격을 지니고 있다. 서사시와 비교할 만한 것은 없다. 우리는 종달새에게 교향곡 전체를 부르라고 하지 않으며, 아시아 사람들에게도 긴 역사나 이야기를 시로 표현하라고 요구하지 않는다. 그들의 언어는 그런 표현 형식에 적합하지 않기 때

[†] 흔히 볼 수 있는 까치.

I. 호머 베절릴 헐버트(1863-1949)

문이다. 한국의 시는 순수하고 단순한 자연의 음악이며, 모두 열정과 감수성, 감정을 담고 있다. 개인적이고 가정적인 내용, 때로는 사소한 이야기를 다루기도 한다. 이런 점에서 협소하다고 할 수도 있지만, 그들의 삶 자체가 한정되어 있고 시야가 제한되어 있음을 잊어서는 안 된다. 이것이 바로 그들이 사소한 일에 큰 열정을 쏟는 이유를 일부나마 설명해준다. 작은 세계 속에서는 그런 것들이 상대적으로 더 크게 다가오기 때문이다. 흔들리는 버드나무 가지, 예기치 않은 나비의 놀람, 떨어지는 꽃잎, 지나가는 벌의 윙윙거림 같은 것들은 그들에게, 삶의 지평이 넓은 이들이 느끼는 바보다 더 큰 의미를 갖는다.

여기, 일터에서 돌아오는 어부의 저녁 노래가 있다.

> 해가 지며 저녁 햇살이
> 반짝이는 호수 위로 길게 뻗고,
> 나는 낚싯줄을 아쉬워하며
> 감아올리고 배를 돌린다.
>
> 하얀 물거품 일렁이는 먼 물결 위로
> 가랑비 요정들이 가볍게 춤을 추고,
> 지친 날개 접은 갈매기들은
> 오르내리며 물결 따라 움직인다.
>
> 은빛 물결 사이로 버드나무 가지를 흔들며
> 내 낚싯대를 자랑스럽게 펼친다.
> 먼저 저 술집으로 향해 가서

그리곤 집으로 발길을 돌린다.

다음 시에서는 다시 익숙한 정서를 느낄 수 있다. 마치 탁 트인 들판 한가운데 오두막 하나를 그리워하는 마음이 한국적 풍경 속에서 되살아나는 듯하다.

끊임없는 소란에 지쳐,
거짓 미소와 허영으로 가득한
사람들이 세상이라 부르는 곳을 떠나,
마치 집으로 돌아오는 선원처럼,
이젠 더 이상 파도를 그리워하지 않으며,
내 인생의 돛을 내렸다.

깊고 깊은 산속,
자연의 광대함에 눌려 작은 몸으로,
은둔자처럼 오두막 하나 지으리라.
구름은 그림 같은 천장이 되고,
하늘의 푸른 속살은 살짝 드러나며,
햇살 기둥과 별빛으로 가득할 것이다.

깊은 호수에 저 아름다운 달을 가두리라.
누가 자연 그 자체를 더 잘 가둘 수 있을까?
세상이 모든 부를 바쳐도
나는 그 제안을 거절하리라.
그 달을 그대로 간직하며
운명을 비웃을 것이다.

가을 손길이 내 마루에 낙엽을 흩뿌려도
무슨 상관 있으랴, 바람이 빗자루인걸.
청소 따윈 내가 하지 않아도
폭풍의 정령들만 부르면 되니,
그들이 몰아치는 비로
모든 방을 깨끗이 씻어낼 테니까.

한국인은 상상력이 부족하다기보다 때로는 오히려 넘칠 정도로 풍부하다고 할 수 있다.

(『코리안 리포지터리』 제3권 5월호(1896))

2. 한국 민담

　한국 민속학을 논하기에 앞서, 먼저 '민속학'이라는 용어가 지닌 의미를 살펴보고, 적어도 논의가 어느 범위 내에서 이루어질 것인지 밝히는 것이 좋다. 민속학은 매우 모호한 개념으로, 한쪽 끝에는 단순히 한 민족의 민담뿐만 아니라 민요, 미신, 부적, 속담, 수수께끼, 주문 등 다양한 민족 내 전통 자료들이 포함된다. 민속학은 역사적 근거가 분명하지 않고 출처도 불명확하며 성격도 매우 다양해서, 현대 과학적 관점에서 볼 때 엄격한 역사학의 범주에는 들어가지 않는 흥미로운 옛 문화유산들이 모여 있는 건물의 다락방 같다.

　사람들의 삶을 진정으로 이해하고 느끼고 싶다면, 전기나 연대기 같은 공식 기록을 전등 아래서 읽는 대신 다락방에 올라가 민속학 자료를 샅샅이 뒤지고, 옛날 옷이나 오래된 편지의 띠를 풀어보듯 그 시대 사람들의 삶과 정서를 직접 만져봐야 한다. 기록된 역사는 큰 사건들을 중심으로 휙휙 지나가며 그 사이에 있었던 일들을 대략적으로 보여주는 반면, 민속학은 우리 손을 잡고 계곡 아래 집과 가족, 일상생활까지 안내하며 사람들의 마음속 깊은 곳으로 이끈다.

　한 사람이 외국어를 잘한다는 것은 그 언어로 된 농담까지 이해할 수 있는 능력으로 알 수 있다. 어떤 민족의 삶을 제대로 알기 위해서는 그들의 민속학을 잘 알고 있어야 한다고 할 수 있다.

　한국 민속학의 뒤안길에는 매우 다양한 자료들이 가득하다. 이는 한민족이 4천 년 동안 같은 터전을 지켜오며, 수많은 외세 침략과 시대의 격변 속에서도 끊임없이 전통의 맥을 이어왔기 때문이다. 내게 주어진 지면에서는 전체 주제를 다룰 수 없고, 한국의 민담이라는 한 부분만을 아주 간략하게 개괄하고 빠르게 정리할 수 있을 뿐이다.

이해를 돕기 위해 이 이야기들은 유교, 불교, 샤머니즘, 전설, 신화, 그리고 일반 또는 기타 이야기의 여섯 가지로 나누어 볼 것이다. 윌리엄스는 유교를 "공자와 그의 제자들이 가르친 정치적 도덕으로, 중국 법 제도의 기초를 이루는 것"이라고 정의한다. 그는 이것이 어떤 특정한 신을 숭배할 것을 가르치지 않기 때문에 종교라고 부르기는 어렵다고 말한다. 다시 말해, 유교는 윤리적 범위에 머무르며, 영적인 관계에 대해서는 다루지 않는다.

유교와 불교 사이에는 분명한 차이점이 있다. 불교가 현세의 삶은 전생에 의해 결정되며, 또 미래의 삶의 조건을 좌우한다고 보는 반면, 유교는 출생에서 죽음까지의 삶 속 행위 판단에만 국한된다는 점이다. 따라서 유대교가 쇠퇴기에 접어들었을 때처럼, 인간 삶의 모든 가능한 국면과 측면에 대해 논의되고, 그에 따른 행동 규범이 제시되는 것은 당연한 일로 여겨진다. 이러한 규범은 주로 우화를 통해 전달되며, 우리는 한국에서도 중국과 마찬가지로 다양한 상황에서 어떤 행동을 해야 하는지를 보여주는 수많은 이야기들을 발견할 수 있다.

이 이야기들은 유교의 보다 깊은 도리는 생략한 채, 몇 가지 자명한 윤리 원칙의 실천에만 집중한다. 이 이야기들은 모두 『오륜행실(五倫行實)』이라 불리는 윤리 교육을 목적으로 편찬된 도덕 교훈 이야기책을 중심으로 형성되어 있으며, 그것을 모방한 것들이다. 『오륜행실』은 "다섯 가지 인간관계 속에서의 실천"을 뜻한다.

이 책의 내용은 대부분 중국에서 유래한 것으로, 다른 중국 이야기들과 마찬가지로 형식적이고 밋밋하다. 이 책은 문서로 정리되어 문학적 지위를 얻었기 때문에, 엄밀히 말하면 민속 설화로 보기는 어렵다. 하지만 이 책의 내용을 바탕으로 한 수많은 이야기들이 한국 민속 설화의 일부로 흡수되었고, 뚜렷한 영향을 남겼다. 다만 그 영향은 진정한 도덕적 감동이라기보다는 다소 학문적인 성격이 강하다.

이 책의 전통을 따라, 한국 민속에는 아이, 청소년, 어른이 특정한 상황에서 어떻게 행동해야 하는지에 대한 수많은 사례가 쌓여 있다. 이른바 유교의 다섯 가지 복된 덕목이라 부를 수 있는 다섯 가지 원칙이 있는데, 원래 저자는 이를 다르게 표현했을지 모르지만, 실제 한국 사회에서는 다음과 같이 적용되고 있다.

첫째, 부모를 공경하는 자녀는 훗날 자기 자녀에게 존경받게 된다.
둘째, 임금을 공경하는 사람은 임금의 은혜를 받을 기회를 갖는다.
셋째, 부부가 서로를 바르게 대하면 가정불화에 시달리지 않는다.
넷째, 친구를 잘 대하는 사람만이 다른 사람에게도 잘 대접받는다.
다섯째, 어른을 공경하는 사람은 세월이 담긴 지혜를 누릴 수 있다.

이 다섯 가지 덕목에 더해 다음과 같은 작은 속설들도 있다. 예를 들어, 매우 정숙한 여성은 앞마당에 붉게 칠한 정려문을 세워 그 덕을 드러내니, 일반 여성보다 훨씬 더 높은 덕망을 지녔음을 뜻한다. 정승이 되라는 권유를 계속 거절하는 시골 양반은 반대 세력의 비판을 받지 않으며, 덤으로 세금도 내지 않는다. 시어머니의 구박을 참고 견딘 젊은 며느리는 훗날 자신도 며느리를 마음 놓고 대할 수 있는 차례가 돌아온다. 하인에게 잘 대하는 사람은 달걀 한 줄을 살 때 100냥 대신 75냥에 살 수 있다는 말도 있다.

한국 민담 가운데는 새 둥지를 훔치지 않고, '따먹기' 놀이를 하지 않으며, 옷을 찢지 않고, 때리지도 않고, 개 꼬리에 양철 깡통을 매달지 않는 착한 어린이들의 이야기가 풍부하다. 이런 이야기들은 일종의 '한국식 주일학교 교재 문학'이라 할 수 있는데, 건강한 한국 아이들은 전 세계의 아이들처럼 이런 '착한 이야기'를 그리 진지하게 받아들이지 않는다.

이야기는 많지만, 놀랍게도 그 근간이 되는 유형은 아주 몇 가지에 불과하다. 이야기의 기본 틀에 익숙해지면, 첫 몇 줄만 읽어도 이야기의 시작, 전개, 절정, 비극, 결말까지 대략 알 수 있다. 예를 들어, 부모에게 매우 가혹하게 대우받으면서도 한 마디 불평도 하지 않는 소년의 이야기는 전형적이다. 그는 부모가 결국 자신을 우물에 던져버릴 것이라고 예상하고, 어느 어두운 밤 밧줄을 타고 내려가 물 표면 바로 위 땅 속에 통로를 판다. 다음 날 머리부터 우물에 빠졌지만, 그는 물속에서 은신처로 기어 올라가 부모에게 들키지 않고 안전을 지킨다. 부모는 이 행동이 아들의 장래를 위한 것으로 착각한다. 하지만 실제로는 부모의 뜻과 달리, 소년은 영리하게 행동해 스스로 몸을 보호한다. 소년은 오후쯤 그곳에서 기어 나와 진지한 얼굴로 부모를 마주한다. 이는 한편으로는 효성을 나타내는 모습이지만, 다른 한편으로는 "그렇게 쉽게 나를 없앨 수는 없어요."라는 메시지이기도 하다. 그러나 이 이야기의 애잔함은 때때로 한국 아이들이 겪는 잘못된 인습에서 비롯된 것이다.

또한, 왕이 한 과부에게 후궁이 되라고 강요했을 때, 아름다운 여인이었던 '한국의 루크레치아'는 이에 저항하며 자신의 코를 스스로 잘라내어 아름다움을 망쳐버렸다는 이야기도 전해진다. 누구도 그 과부가 이 대담한 행동으로 넉넉한 노후 생활을 보장받으며 앞으로의 모든 과부들의 부러움을 살 수 있다는 것을 몰랐다고 의심하지 않을 것이다.

그리고 굶주려 죽어가는 아버지를 위해 자신의 넓적다리 살을 칼로 베어 아버지에게 바친 소년의 이야기도 있다. 그러나 이 이야기는 그 노인이 점잖게 죽는 대신 실제로 사람의 살점을 먹었다는 사실은 전혀 언급하지 않는다. 한국인들은 이 감동적인 사건을 다양한 시각에서 바라보지 못하고, 그저 감탄하며 놀라워할 뿐이다. 하지만 정작 이 이야기는 처음부터 끝까지 절묘한 아이러니로 가득 차 있다. 부모의 사랑을 유독 많이 받던 자식들은 모두 부모를 저버리고, 온갖 허드렛일을 도맡았던 자식만이 결국 참된 효성을 보인다는 '리어 왕'식 이야기가 수없이 많다.

그리고 교만한 딸들은 가시덤불에 걸려 상처를 입고 얼굴이 망가지는 반면, 천대 받던 딸이 요정과 도깨비의 도움으로 마침내 정당한 자리를 차지하는 '신데렐라' 유형의 이야기도 많다. 하지만 이들 이야기는 성공한 자가 굴욕당한 경쟁자의 고통이나 죽음을 무심히 여기는 냉정한 태도 때문에 자주 그 의미가 퇴색된다.

흔히 나오는 이야기 중 하나는, 어릴 때 아버지가 농담 삼아 장래의 남편감으로 말한, 가난한 사람일지도 모르는 남자 외에는 아무와도 결혼하지 않겠다는 소녀에 관한 것이다. 이런 이야기에서 주로 전하는 생각은, 한 번 처녀의 마음속에 그려진 미래의 남편 모습이 실제로는 이미 그녀의 남편이며, 그녀는 그에게 충실해야 한다는 것이다. 이런 이야기는 과장된 정도와 반대로 한국 가정의 실제 생활을 어느 정도 가늠하게 한다.

또한, 아들이 아버지의 장례식에 온 재산을 다 쓰고 거지가 되었다가 여러 놀라운 모험 끝에 나라의 정승이 되는 이야기 역시 인기 있는 전형적인 사례이다. 하지만 실제 한국 사회에서는 돈을 경시하는 태도가 관직에 오르는 중요한 자격으로 여겨진 적은 없다.

또 한 가지는, 남편의 무덤에서 오직 울기만 하는 악한 마음을 가진 여인이 등장하는데, 슬퍼하는 이유를 묻자 무덤에 눈물을 적셔서 풀이 빨리 자라게 하려는 것뿐이며, 그래야 다시 결혼할 수 있다고 답하는 유형이다.

한국에는 남자의 명예나 여자의 정절이 의심받는 이야기들이 많다. 치명적인 순간에 어떤 기적적인 사건으로 위기를 벗어나기도 한다. 예를 들어, 던진 비녀가 공중에서 떨어져 바위를 뚫거나, 동맥이 끊어졌는데 피가 우유처럼 희게 흐르거나, 모함을 받은 충신이 처형장으로 끌려갈 때, 그가 탄 수레가 일곱 쌍의 황소가 끌어도 움직이지 않다가 수레에 적힌 '역적'이라는 글자를 '충신'으로 바꾸자 비로소 움직였다는 이야기가 전해진다.

이런 이야기들은 유교적 이야기의 전형적인 유형 중 일부에 불과하지만, 이를 통해 전체 이야기를 대략 가늠할 수 있다. 이 이야기들을 살펴보면 모두 과장된 경우임을 알 수 있다.

이는 아마도 극단적인 상황에서 덕과 분별을 갖춘 행동을 보인다면, 보다 덜 어려운 상황에서는 독자들이 더 잘 실천해야 한다는 뜻으로 해석될 수 있다. 하지만 유교에서는 이런 이타적 행동을 위한 충분한 동기를 제공하지도 않고, 잘못된 행동에 대한 적절한 벌도 제시하지 않기 때문에, 사람들은 이야기를 제대로 배우거나 실제 행동에 적용하려는 시도 없이 그저 냉소적으로 받아들이는 경향이 있다. 이러한 현상은 한국인의 일상 곳곳에서 쉽게 찾아볼 수 있다. 예를 들어, 서구의 산업 발전을 본받지 않는 이유로 옛날이야기를 내세우는데, 역사상 최초의 철갑선을 만든 이순신 장군을 들며 '상대방보다 앞섰다고 생각한다.' 하지만 오늘날 한국은 4급 군함 하나 제대로 갖추지 못한 현실이다. 그럼에도 불구하고 이런 환상적인 이야기들이 한국 사회의 도덕성을 보여준다고 주장하지만, 사실 그러한 도덕 원칙들은 이제 거북선처럼 실효성을 잃은 옛이야기에 불과하다. 이를 증명하듯, 이웃을 부당하게 이용하려는 태도, 진실성 부족, 진정한 애국심 결여, 공적·사적 영역에서 드러나는 도덕적 혼란, 버릇없는 아이들, 다친 동물을 잔인하게 대하는 모습 등이 쉽게 관찰된다.

둘째, '오륜행실도'에 수록된 모범 사례들은 대부분 중국에서 유래했지만, 한국인의 정서와 생활환경에 맞게 변형되어 구전된다. 유교적 색채가 남아 있으나, 한국적인 정서로 재해석되었다.

셋째, 앞서 언급했듯 유교의 깊고 어려운 사상들은 대부분 배제되고, 실생활에 적용 가능한 실용적 교훈만 강조된다. 이러한 점이 유교 윤리가 사회도덕의 기준으로 오랫동안 유지될 수 있었던 이유이다. 효도, 권위에 대한 복종, 부부애, 연장자에 대한 존경, 친구에 대한 신뢰 같은 가치는 유교만의 것이 아니라 모든 종교와 문명에 공통된 보편적 원리이다.

이 가치는 인간 사회의 기본 원리로 인정받으며, 이를 부정하는 것은 인간 이성의 가장 기본적인 원칙을 무시하는 것이다. 이제 본래의 주제로 돌아가자.

이 이야기들은 앞서 언급했듯이 한국인에게 '주일학교'용 읽을거리에 해당한다. 서양에서 성서 이야기가 특정한 사람들에 의해 특정한 때에 읽히듯이, 한국에서도 이 이야기들은 제한된 사람들이 제한된 경우에 접한다. 누구나 그 내용을 대략 알고 있다는 점에서도 서양 아이들이 다윗과 골리앗, 요나와 큰 물고기, 다니엘과 사자 이야기 등을 조금씩 알고 있는 것과 같다. 그러나 서양 아이들이 가정에서 성서 이야기보다 할머니, 또는 이야기꾼이 들려주는 마더 구스 동요, 신데렐라, 거인 잡는 잭, 이상한 나라의 앨리스, 브라우니 같은 이야기들을 더 자주 접하듯, 한국에서도 유교적 교훈을 담은 이야기보다 용, 여우, 호랑이, 도깨비, 요괴 이야기들을 훨씬 더 자주 듣고 읽게 된다.

우리 주제의 두 번째 부분은 한국 민속 속 불교 설화이다. 불교 설화는 양도 많고 범위도 넓다. 불교가 신비적 종교라 상상력을 훨씬 자유롭게 발휘하게 하고, 시각적 요소가 강한 종교라 극적인 표현이 가능하며, 죽음 이후의 세계와 분명한 상벌 체계를 전제하기 때문에 인물들이 활동할 수 있는 무대가 훨씬 넓어진다. 유교 이야기는 각각의 도덕적 교훈을 전하기 위한 것이므로 짧고 간결해야 하지만, 불교 설화는 그렇지 않다. 줄거리가 길고 복잡하며, 사건들의 연관성이 더 치밀하게 구성되고 인간 감정의 얽힘이 더욱 두드러지기에, 이야기의 완성도가 유교 이야기보다 훨씬 더 높고, 소설에 가깝다. 실제로 유교 이야기는 대부분 간단한 일화에 불과해 상상력을 자극하지 못하는 경우가 많다.

불교 설화가 흔한 또 다른 이유는, 불교가 한국에서 천 년 이상 우위를 차지했으며, 유교가 본격적으로 확산되기 수백 년 전부터 자리 잡았기 때문이다. 문학이라는 개념이 뿌리내리기도 전부터 불교는 한반도 전역의 모든 계층에 깊숙이 스며들어 이야기의 기본 틀을 만들었고, 한국인의 상상 속에 지금까지도 흔들리지 않는 지위를 확

보했다.

  오늘날 불교를 바탕으로 한 이야기가 열 가지쯤 된다면, 유교에서 비롯된 이야기는 극히 드물다 해도 과언이 아니다. 불교는 A. D. 3~4세기경 한국에 전해졌고, 고려 중엽인 대략 A. D. 1100년경에 이르러서야 불교와 유교 사이에 경쟁이 있었다는 기록이 나온다. 그때까지 불교는 이미 한국인의 마음을 자신의 색깔로 깊이 물들였다. 불교는 한국인의 본성 깊은 곳에 영적인 울림을 줄 만큼 깊게 스며들었다. 반면 유교는 이성적인 영역에만 머물러 더 깊은 곳까지 영향을 미치지 못했다. 그래서 불교는 먼저 자리 잡아 더 깊은 영향을 끼쳐 유교가 아직 지우지 못한 흔적을 남기고 있다.

  유교가 명목상 국가의 종교가 된 이후에도 불교 사상이 특히 한국의 민속 속에서 계속 살아남을 수 있었던 또 다른 이유는, 유교가 여성에게 매우 낮은 지위를 부여했기 때문이다. 불교는 남녀를 크게 구분하지 않았다. 불교의 본질 자체가 성별 차별을 금지하고 있으며, 한국 역사에는 여성이 불교의 혜택을 동등하게 누렸다는 사례가 많다. 반면 유교는 여성을 종속적인 위치에 두었고, 여성의 종교적 열망을 인정하지 않았으며, 사실상 여성의 역할을 출산에만 국한시켰다. 유교는 문헌 중심의 학문적 종교로, 여성들은 가장 신성한 비밀에 접근하는 것이 금지되었다. 이에 여성들은 자신들의 신앙 본능을 채울 수 있는 불교에 더 깊이 의지할 수밖에 없었는데, 비록 불교에 미신적인 어두운 면이 있다고 해도 말이다. 이런 상황에서 철저히 남성 중심의 종교인 유교를 신봉하는 기득권자들은 여성들을 불교라는 어둠 속에 굴복시키는 것이 오히려 자신의 권위를 높이는 일이라고 여겼다. 오늘날 한국 사회의 가장 두드러진 특징 중 하나는 남성들은 모두 명목상으로 유교를 따르는 사람들이지만, 여성들은 거의 모두 불교 신자이거나 불교가 한국에서 융합된 여러 형태의 미신을 믿고 있다는 점이다. 예를 들어, 현 왕조의 왕비들이 없었다면 불교 사찰들이 어떻게 유지될 수 있었겠는가? 최근 10년만 보더라도 여성들 사이에서 불교가 얼마나 강력한 영향력을 발휘하고 있는지 충분히 알 수 있다.

한국에서 아이들의 생각을 길러 주는 사람은 어머니들이다. 아이들은 천자문을 배우기 훨씬 이전부터 불교적이거나 반쯤 불교적인 사상에 깊이 물들어 있다. 상상력과 환상은 이미 사로잡혀 있으며, 시간이 지나면서 남자아이는 불교를 경멸하는 척하지 않을 수 없게 되지만, 여자아이는 1600년 동안 이어져 내려온 성향으로 인해 불교를 깊이 의지한다. 물론 이 불교는 한국식으로 변형된 것이다.

한국인이 아득한 옛날부터 물려받은 원시 신앙은 불교와 철저하게 섞여 있어서, 어디서부터 불교이고 어디까지가 신앙인지 구분할 수 없을 정도이다. 여기서 말하는 것은 현대 한국의 문학이 아니라 민간 설화라는 점을 기억해야 한다. 지난 500년 동안 지식인들이 쓴 문학은 유교적이었고, 그 전범은 모두 중국 성현의 것이었다. 그러나 그것을 배우는 사람은 한자를 익힌 극소수뿐이며, 대중에게는 거의 의미가 없다. 이것은 영국이나 미국의 서민들에게 셰익스피어나 밀턴의 작품이 갖는 의미보다도 못한 수준이다.

불교적 요소가 한국 설화에 남아 있는 중요한 이유 중 하나는 강한 지역적 성격 때문이다. 이야기는 특정한 장소를 중심으로 전개되며, 그 장소에 깊이 뿌리내린다. 이는 윌리엄 텔이나 아더 왕, 에반젤린의 이야기가 장소적 배경 없이 일반화된다면 가치가 반감되는 것과 같다.

한국인은 누군가를 산기슭으로 안내하며 '이곳은 무학이 서서 대규모 침략을 예언했던 장소다'라거나, '이 오래된 나무는 도선이 직접 심은 나무다'라고 이야기해 줄 수 있다. 바로 이런 구체적인 지역적 요소 덕분에 이 설화들은 한국인의 의식 속에 깊이 자리 잡게 된다.

유교적 이야기는 언제 어디서든 일어날 수 있는 이야기지만, 불교 설화는 사건이 일어난 장소와 날짜를 특정하며 그로 인해 흥미가 배가된다. 금강산은 소나무만큼이나 많은 고승의 이야기를 품고 있으며, 한라산의 능선에는 남쪽 바다에서 몰려오는 짙은 안개만큼이나 무거운 불교 전설의 망토가 둘러져 있다.

불교 이야기는 그 양식과 구성에 있어, 거의 무한한 다양성을 가지고 있다고 말할 수 있다. 이야기 속에서는 불교 사상의 핵심이 직접적으로 드러나는 경우가 드물지만, 삶의 괴로움에서 벗어나고자 하는 간절한 외침과 세속적인 명예를 경멸하는 시선이 끊임없이 흐르고 있다. 한국의 여성들이 자신의 억울함을 잊고 열반에 들고자 하는 마음은 충분히 이해할 수 있다. 불법은, 적어도 그 자체의 관점에서 볼 때 단순한 존재의 무상함을 인정하고 모든 이에게 "너는 무엇을 위해 이 세상에 있는가?"라고 묻는다. 불교의 이러한 성찰과 비관적 인식은 한국 대중에게 깊은 인상을 남긴다.

불교 설화의 줄거리는 너무 방대하여 모두 전하기는 어렵지만 몇 가지 특징은 짚어볼 수 있다. 많은 이야기에서 사찰은 어려움에 처한 주인공이 몸을 의탁해 문학과 무예를 익히는 도량으로 나타난다. 그리고 그곳에서 힘을 길러 세상의 악을 물리치고 마침내 정당한 자리를 되찾는다.

산속 절에서는 가끔 주인공이 끔찍한 범죄를 밝혀 정의가 승리하는 일이 벌어진다. 한국에는 마녀도, 마법사도, 요정도 없다. 위급한 순간에 나타나는 것은 언제나 말 없는 승려이며, 그는 강력하면서도 신비한 방법으로 죽음의 손길을 막거나 위험을 경고하고 적을 피하는 방법을 알려준다. 가끔은 구약의 엘리야가 그랬듯 한 승려가 왕 앞에 서서 잘못을 지적하거나 나라를 큰 재앙에서 구하는 수수께끼 같은 조언을 하기도 한다. 또한 떠돌이 승려가 한 소년으로부터 도움을 받는 일이 종종 있다. 시간이 흐른 뒤, 승려의 신비로운 덕행과 힘으로 소년이나 주변 사람들이 복을 누리게 된다.

오늘날 사찰을 학문의 공간으로 떠올리는 이는 드물지만, 우리 민속 설화에는 주인공이 사찰에서 글뿐 아니라 천문, 지리 등 여러 학문을 배우는 이야기가 풍부하다. 심지어 전쟁에 대비한 방책이나 진법, 무예까지도 익혔다고 전해진다.

거의 모든 이야기에서 주인공은 평화의 길과 함께 세상을 지키는 힘을 배우게 된다. 중세 시대 사찰의 위상을 이보다 생생하게 보여주는 기록은 없다. 유럽에서 수도원이 학문과 문화의 보고였다면, 한국의 사찰은 거기에 더해 세상을 수호하는 실천적 지혜까지 가르친 공간이었다.

이것이 한국의 민속 설화가 불교에 대해 우리에게 알려주는 첫 번째이자 가장 중요한 사실이다. 즉, 불교가 보편적 교육 주체로서의 역할을 했다는 점이다. 두 번째로, 이러한 이야기들은 불교가 오늘날에도 볼 수 있는 한국인의 삶 여러 측면을 결정짓는 데 어떤 역할을 했는지를 보여준다. 예를 들어 형벌 제도를 보자. 범죄자에게 가해지는 형벌은 불교 지옥도의 형벌 묘사를 그대로 본뜬 것임이 분명하다. 물론 이 역시 상상에서 비롯된 것이지만, 어떤 이는 불교의 지옥이 실제로 존재했던 형벌 제도를 모방한 것이라고 주장할 수도 있다. 그러나 어느 나라에서든 세월이 흐르면서 형벌의 형태가 점차 변화하는 것이 일반적인데, 오늘날까지도 사용되는 형벌이 고대 불교의 묘사와 너무도 똑같아, 설령 불교 지옥이 실제 관습을 본뜬 것이라 하더라도 그것이 종교적 형태로 굳어지면서 옛날의 끔찍한 형벌이 계속 유지되고, 문명과 계몽의 발전에 걸맞은 더 인도적인 처벌 방식의 등장을 가로막아 왔다고 볼 수밖에 없다.

불교와 불교 설화가 한국인에게 남긴 또 다른 흔적은 동물의 생명을 빼앗는 것에 대한 혐오감이다. 피를 흘리게 하는 것은 어떤 양식 있는 사람에게도 품위 없는 일로 여겨졌으며, 불교가 500년 동안 정치적으로 금지된 상태였음에도, 도살업자는 최근까지도 '칠반'이라 불린 천대받는 일곱 부류(광대, 창기, 노비, 무당 등을 포함)에 속한 사람으로 취급되었다. 그러나 이렇게 동물의 생명을 해치는 것을 꺼리는 마음이, 모든 종류의 동물에게 자행되는 가장 끔찍한 잔혹 행위까지 막지는 못했다. 이 글의 분량 때문에 더 많은 사례를 다루지는 못하지만, 불교 설화가 유교 체계 밖에 있을 뿐만 아니라 그것에 사실상 적대적인 사상을 지속시키는 데 영향을 미친 사례는 많다.

이제 다음 논점을 살펴보면, 불교와 유교 간의 갈등은 고려 시대(A. D. 918~1392) 내내 계속되었다. 당시에는 오늘날처럼 한 사람이 유교와 불교를 동시에 믿는 일이 없었고, 두 체계 사이에는 명확한 경계가 있었다. 두 종교·사상 신봉자들 사이에서는 격렬한 충돌이 있었으며, 대부분의 경우 불교가 우위를 점했다. 다만, 불교가 나라를 어둠 속에 빠뜨리고 사람들에게 천대를 받게 되자, 결국 유교 사상이 힘을 얻어 단숨에, 적어도 겉으로 보기에는 프랑스 혁명에 비견될 만큼 대대적인 변화를 이루어냈다.

이처럼 오래 이어진 갈등은 민속 문화 속에 지울 수 없는 흔적을 남겼으며, 한쪽의 우위와 다른 쪽의 반격을 보여주는 많은 이야기들로 가득하다. 한때 유교 세력이 우세할 때, 불교의 지도자가 처형당할 위기에 처했으나, 그는 자신의 목이 떨어질 때 피가 우유처럼 흘러나올 것이라고 예언했다. 실제로 그런 일이 벌어지자 집행자들은 이 기적을 인정하고 불교를 다시 허용했다.

또한 까마귀가 왕에게 편지를 전해 급히 왕비의 처소로 가서 거문고 상자에 화살을 쏘라는 메시지를 전달했다. 왕이 이를 따랐고, 화살은 왕의 부재를 틈타 명예를 훼손하려던 불교 최고승의 가슴에 명중했다. 이후 두 세력의 대표자들은 여러 번 말싸움을 벌였으며, 승리는 때로 한쪽이, 때로 다른 쪽이 차지했다. 한번은 유교와 불교 중 감정을 더 잘 다스리는 쪽이 어디인지를 시험하기 위해 유명한 유학자와 승려를 기생의 유혹에 노출시키기도 했는데, 그 결과 유교 쪽이 뚜렷한 승리를 거두었다.

지금까지의 제한된 조사 결과로 보아, 유교와 불교의 대립에서 한국 민속 신앙은 대부분 불교 쪽에 유리하게 나타나는 것으로 보인다. 이는 불교가 민속 이야기를 통해 대중에게 불교 사상을 각인시키는 데 훨씬 더 적극적이었다는 뜻이다.

유교는 보다 보수적이고 이성적인 편이지만, 불교는 동양인의 특징인 상상력과 신비로운 요소를 잘 포착하며 보다 확실한 길을 선택했다.

유교가 권력의 자리를 빼앗고 불교가 점차 그 자리를 잃은 시기가 있었다. 그러나 그렇다고 해서 불교가 완전히 몰락하거나 대중에 대한 영향력이 크게 줄어든 것은 아니었다. 다만 유교가 나라의 주된 통치 이념으로 자리 잡고, 불교 승려들은 관례에 따라 사회에서 소

외되었다. 그로부터 500년이 넘는 세월 동안 두 사상 간에 직접적인 충돌은 없었다. 유교가 모든 정치권력을 장악한 이후에는 불교가 도덕 영역에서 무엇을 하든 크게 간섭하지 않았다. 이리하여 서로 정반대인 두 사상은 한국인의 의식 속에서 뒤섞여 조화를 이루게 되었다. 이러한 현상은 한국 민속에도 깊은 흔적을 남겼다. 한국에서 가장 길고 치밀하게 짜인 이야기들에서는 유교와 불교가 함께 어우러진 모습을 쉽게 찾아볼 수 있다.

예를 들어, 효심으로 병든 부모를 고치고자 하는 한 소년이 꿈속에서 존경받는 승려를 만나, 인도 어느 절에 병을 고치는 약이 있다는 말을 듣는다. 그 후 소년은 불교 신령들의 인도로 위험한 산악 지대의 여행길을 무사히 다녀와서 부모 곁으로 돌아오고, 마침내 병든 부모의 생명을 구한다. 이 이야기에서 동기는 유교적이고, 행동은 불교적이다. 윤리적 요소는 유교에서, 극적인 요소는 불교에서 나온다. 때로는 이야기가 유교로 시작해 불교로 흘러가고, 다시 무속 신앙이나 자연신앙으로 넘어갔다가 결국 다시 유교적 주제로 돌아오기도 한다.

이처럼 두 사상이 어우러진 이야기는 매우 인기가 높다. 그 까닭은 두 사상이 섞이면서 이야기 전개에 더 많은 가능성이 열리고, 이야기 자체도 더 길고 풍부해지며, 동시에 한국인의 이중적 종교 감성을 더욱 충족시키기 때문이다. 여기서 이 부분을 마무리하는 것은 주제가 다 끝났기 때문이 아니라, 이 방대한 주제를 이 정도 분량의 글로 온전히 다루기 어렵기 때문이다.

그럼 이제 한국 민속에서 무속과 관련된 이야기들로 넘어가겠다. 여기에는 무속, 주술, 애니미즘 등과 관련된 모든 이야기를 포함한다.

다시 말해, 한국인의 기본적인 종교적 감성을 자극하는 이야기들이 여기에 속한다. 한국인은 유교나 불교를 따르기 이전에, 먼저 자연을 숭배하는 사람들이었다. 승려가 지옥 그림으로 겁을 줄 수는 있었지만, 언덕 위 오래된 나무에 깃든 정령에 대한 두려움만큼 강력하지는 않았다. 유교적 가르침을 따르는 사람들은 인간의 악한 마음을 이야기하며 등골을 오싹하게 만들 수 있었지만, 한밤중에 족제비가 부엌에서 항아리를 엎어 도깨비가 집안 곳곳에서 장난을 친다고 생각했을 때 느낀 공포에는 미치지 못했다. 상인은 유교적 훈계에는 마음이 움직이지 않았지만, 간지(干支)로 길일을 살펴 순진한 손님을 속이려는 계획에는 하루 종일 몰두하곤 했다.

이런 주제를 바탕으로 한 이야기는 무수히 많다. 산, 내, 나무, 바위, 동굴의 정령들은 한국 소설 속에서 아라비안나이트의 요정, 도깨비, 요술사만큼 자주 등장한다.

이 부분은 거의 모든 주제 중에서도 특히 흥미롭다. 불교와 유교가 외래문화이고 원래 한국인의 사고방식과는 다소 달랐음에도, 여기에는 한국인의 근본적이고 고유한 성격이 담겨 있기 때문이다. 그럼에도 불구하고 여기에도 중국과 한국 문화가 섞여 있는데, 이는 한국인의 생활 전반에 걸쳐 볼 수 있는 현상이다. 수백 년이 지나면서 이 이야기들에서 원래 한국적인 요소와 중국에서 유입된 요소를 분리하기는 어렵지만, 적어도 이곳에서는 진짜 한국적인 모습을 가장 가깝게 만날 수 있을 것이다. 이 이야기들의 종류와 수가 너무 많아 자세한 설명은 어려울 정도이다.

먼저, 동물이 인간으로 변신할 수 있다는 내용을 바탕으로 한 이야기들이 있다. 이런 이야기는 아이들이 가장 좋아하는 종류이다. 예를 들어, 20년 동안 사람 두 개골 안에 고여 있던 물을 마셔서 인간으로 변할 수 있는 마법의 힘을 얻은 멧돼지 이야기가 있다. 하지만 그에게는 치명적인 단점이 있었는데, 개가 그의 얼굴을 보면 즉시 원래 모습으로 돌아가게 된다는 것이었다.

중국과 한국에 공통적으로 전해 내려오는 이야기 중에는 여우가 여인의 모습으로 변해 나라를 멸망으로 이끈 이야기가 있다. 그리스 신화 속 요괴처럼 행동하는 이 여우 이야기는 대표적인 변신 설화이다. 또 가끔은 백 년을 산 두꺼비가 사람의 모습으로 변신해, 호랑이의 하인 역할을 하기도 한다. 뱀은 아름다운 여인으로 둔갑해 남자를 유혹하고 파멸 직전까지 이르게 하지만, 뜻대로 되지 않자 전략을 바꿔 그의 몸속에 수많은 작은 뱀들을 퍼뜨린다. 그러나 참새들이 그의 피부를 쪼아 구멍을 내어 뱀들을 밖으로 내보내 주는 이야기도 있다.

이야기 속 동물들을 보면 선한 동물과 악한 동물의 구분이 분명하다. 여우, 호랑이, 멧돼지, 뱀, 그리고 '토로(Toro)'는 항상 악한 존재로 묘사되며, 반대로 용, 토끼, 개구리, 사슴은 언제나 선한 존재로 등장한다. 거북이, 곰, 오소리는 경우에 따라 선하거나 악하게 그려진다. 한국에서 호랑이는 가장 위협적인 동물로 여겨졌기 때문에, 호랑이가 소녀로 변해 집 앞에서 울며 사람을 유인해 잡아먹는다는 이야기 역시 흔하다. 이런 이야기는 주로 말을 듣지 않거나 버릇없는 아이들을 무섭게 하기 위해 즐겨 들려주는 전래 동화이다.

또한 '도깨비'라 불리는 존재에 얽힌 기이한 이야기들도 매우 많다. 도깨비는 집안에 소란을 일으키고 장난을 좋아하는 요괴로 알려져 있다. 실제로 도깨비를 본 사람은 거의 없지만, 도깨비의 장난을 직접 겪었다는 누군가를 알고 있는 사람은 많다.

한국인들은 도깨비가 악한 사람의 혼령이 천국에 들어가지 못해 이승을 떠돌거나, 억울하게 죽은 선한 사람의 혼이 복수를 꿈꾸며 이승을 떠도는 존재라고 믿는다. 도깨비는 때로는 정상적인 사람의 모습으로, 때로는 하반신이 없는 기이한 모습으로, 혹은 청년, 미치광이, 아이의 형상으로 나타나기도 한다. 또 불이나 번개, 천둥소리, 도자기 깨지는 소리처럼 변형된 형태로 나타나기도 한다. 사람들이 도깨비를 사람의 혼령이라고 여기는 이유는, 도깨비가 동물의 형상으로 나타난 적은 단 한 번도 없었기 때문이다.

한국의 민간 설화에는 고통 받는 정령들이 사람들과 손을 잡고, 부와 권력을 약속하는 이야기가 자주 등장한다. 이러한 계약은 서양의 마녀술과 유사하다. 사람들은 이러한 '악령'의 도움으로 여러 가지 비밀스럽고 사악한 일을 저질렀다고 전해진다. 그러나 그 약속은 끝내 지켜지지 않으며, 도깨비와 계약한 사람은 점차 야위고 얼굴이 누렇게 변한다. 만약 계약을 끊고 악령의 올가미에서 벗어나지 않으면 결국 파멸을 맞게 된다.

이러한 이야기에는 종종 계약을 파기하고 악령의 재등장을 막는 방법이 함께 전해진다. 도깨비가 가장 두려워하는 것은 붉은색, 그리고 벼락 맞은 나무이다. 많은 사람들은 붉은 염료에 적신 긴 천 조각을 집 주변에 걸어두면 도깨비가 이를 통과하지 못해 나흘간 머물다 떠난다고 믿었다. 도깨비가 은을 두려워한다는 점은, 서양에서 유령을 쏘기 위해 총알에 은화를 넣는다는 미신과도 닮아 있다. 도깨비는 사람을 공격할 때 상투를 붙잡는다고 알려져 있어, 상투 위에 작은 은 핀을 꽂아 예방하는 풍습도 있다. 또한 벼락 맞은 나무는 도깨비를 쫓는 부적으로 여겨졌기에, 벼락이 친 나무를 발견하면 아이들이 달려가 나무 조각을 챙겨 주머니에 넣고 다니기도 했다.

도깨비는 때때로 숨겨진 보물을 지키는 신령한 존재로 나타난다.

한때 학문에만 몰두해 가세가 기울어진 한 선비가, 현실의 생계를 돌보지 못해 떠돌이 신세가 되었다. 어느 날 그는 도깨비 때문에 여러 가족이 쫓겨난 흉가가 있는 마을에 이르렀다. 그는 그 집에 들어가 살겠다고 다짐했다.

첫날 밤, 누군가가 오물을 퍼부으며 그를 거칠게 깨웠다. 상황은 불쾌했지만, 그는 분노하지 않고 "네 사정을 잘 알겠다. 하지만 겁먹지는 않았다"고 차분히 말했다. 곧 황색 유황불이 공처럼 굴러 들어와 얼굴 앞을 스쳤지만, 그는 그것마저 손으로 내쫓으며 전혀 두려워하는 기색을 보이지 않았다.

그때 나이 든 한 남자가 방 안으로 들어와 말했다.

"나는 오랫동안 당신을 기다려 왔습니다. 나는 이 집을 지은 주인의 충직한 하인이었고, 그가 세상을 떠난 뒤에도 계속 이 집을 지켜 왔습니다. 저기 보이는 기둥 아래에는 주인이 숨겨 둔 은 상자가 있습니다. 그는 비밀을 품은 채 세상을 떠났고, 그 돈이 착한 사람의 손에 들어가기 전까지는 이곳을 떠날 수 없었습니다. 그래서 도깨비의 모습이 되어 억지로 그것을 지키며 당신이 오기만을 기다려 왔습니다. 이제 내 할 일을 마쳤으니 편히 떠날 수 있습니다." 그렇게 말한 그는 순식간에 사라졌다. 놀란 선비는 기둥 아래를 파 보았고, 그곳에서 엄청난 재물을 발견하게 된다.

이 이야기에서 보듯, 도깨비는 한국 전통 설화에서 영국 민화에 나오는 장난꾸러기 작은 요정, 퍼크와 비슷한 존재로, 뚜렷한 원인을 알 수 없는 사고는 모두 그의 장난 탓으로 돌려진다. 그는 특히 밥 짓는 솥뚜껑을 솥 안으로 빠뜨리는 장난을 즐긴다. 한국 솥뚜껑은 보통 솥 입구보다 조금 크게 만들어지기 때문에, 이런 일은 도깨비의 장난으로 여겨졌다.

하지만 이 이야기가 생겨난 배경은 이렇다. 솥뚜껑이 어느 날 평소보다 조금 작게 만들어졌는데, 솥이 열을 받아 팽창하면서 입구가 넓어져 차가운 뚜껑이 들어가 버렸다. 이후 뚜껑도 열을 받아 팽창해 나오지 않게 되었고, 이를 알지 못한 사람들은 도깨비가 꾸민 일로 생각했다. 즉, 물리 법칙에 대한 작은 무지가 도깨비에게 초자연적 능력을 부여한 셈이다. 한국 이야기에서 도깨비는 주로 조연으로 등장해 줄거리에 신비함을 더한다.

민간 신앙에서는 다양한 부적이 사람들의 생활에 깊이 영향을 미친다. 문 위에 걸린 볏짚 다발, 신령스러운 나무에 묶인 헝겊, 산길 돌무더기 위에 던져진 돌, 병을 쫓는 주문, 그리고 죽은 쥐의 배에 저주하는 사람의 이름을 써서 붙인 후, 침대 밑에 숨겨 상대에게 해코지하려는 행위 등 수많은 부적이 한국 민속에서 중요한 역할을 한다. 이런 요소들은 이야기의 상상력을 자극하며 재미를 더한다.

동물 이야기 중에는 미국 '엉클 리머스' 스타일과 비슷한 것도 많다. 주로 토끼가 주인공으로, 힘센 적을 꾀로 이긴다. 예를 들어, 병든 용왕을 치료하기 위해 토끼의 간이 필요했던 거북이는 토끼를 꾀어 등에 태우고, 맹금류 같은 위험한 새가 없는 안전한 섬으로 데려다주겠다고 속인다. 바다 한가운데에 이르자 거북이는 토끼에게 진실을 밝히고 간을 요구한다.

이에 토끼는 태연히 웃으며, 토끼의 간은 언제든 꺼냈다 넣을 수 있으며, 자기 간은 지금 바위 위에서 햇볕에 말리고 있으니 원하면 가져가라 했다. 결국 토끼는 무사히 육지로 돌아와, 물과 뭍을 오가는 거북이를 한껏 놀려 주며 통쾌하게 웃었다. 비록 이야기가 다소 엉뚱해 보일지라도, 한국인의 눈에는 그것이 오히려 더 흥미롭고 매혹적으로 비친다.

한국 사람들은 정령이 어디에나 존재한다고 믿으며, 언제 어디서든 나타날 수 있다고 여긴다. 문짝의 경첩이나 젓가락 같은 일상적인 물건조차도 인간의 운명을 바꿀 수 있는 정령의 거처가 될 수 있다. 대체로 이 정령들은 누군가가 자신을 모욕하거나 권리를 침해하기만을 기다리는 듯 보이며, 그런 일이 생기면 반드시 복수한다고 믿는다. 그러나 동시에 착한 소년·소녀를 돕는 정령들의 이야기도 많이 전해진다. 이런 이야기들은 대부분 평범하고 소박한 삶의 요소들을 소재로 삼고 있으며, 바로 이 점에서 한국 특유의 유머가 가장 잘 드러난다. 이와 같은 이야기들은 수적으로 다른 모든 이야기를 능가할 정도로 많지만, 대부분 단편적인 일화에 불과해서 분량 면에서는 많지 않을 수 있다. 게다가 이러한 이야기들은 구술되어 전해질 뿐, 인쇄되는 경우가 거의 없기에 그 양을 정확히 파악하기 어렵다. 그럼에도 그 영향력은 매우 크며, 실제로 불교나 유교보다 이러한 민간신앙이 한국인의 종교적 정서를 더 크게 형성하고 있다고 해도 과언이 아니다.

한국의 정령 숭배는 고대 그리스인들이 신들을 하나의 체계적인 신격화된 판테온으로 발전시키기 이전의 신앙 형태와 유사한 점이 있다. 만약 한국이 외부의 영향을 받지 않고 독자적으로 문화가 발전했다면, 아마 그들만의 신격 체계를 발전시켰을지도 모른다. 하지만 황해 건너편에서 들어온 경쟁 종교들이 먼저 자리를 차지하면서 그러한 발전은 이루어지지 않았다. 그럼에도 불구하고 오랜 세월이 지난 지금까지도 한국인들은 여전히 숲, 바위, 산의 정령들을 불교나 유교가 불러일으키지 못한, 뜨거운 열정으로 숭배하고 있다.

한국의 전래 동화와 서양식 판타지 이야기에는 뚜렷한 차이가 있다. 한국에는 서양에서 말하는 진정한 의미의 요정이 존재하지 않는다. 티타니아(Titania)나 에리얼(Ariel) 같은 존재가 없는 민족은 어쩌면 안타까운 존재일지도 모른다. 한국인의 상상력은 모든 행동이 선하고 자비를 상징하는 연약한 존재들을 만들어내지 못했다. 그러나 비슷한 특징을 가진 존재가 한국 민담에서는 다른 형태로 나타난다.

예를 들어, 형제 중 한 명은 착하지만 가난했고, 다른 한 명은 부유하지만 못된 인물인 이야기가 그것을 잘 보여준다.

동생 흥부는 다리가 부러진 제비를 발견했다. 그는 제비를 집으로 데려와 정성껏 돌보았고, 제비가 다 나은 뒤에는 다시 날려 보냈다. 얼마 지나지 않아 제비는 씨앗 하나를 물고 돌아와 흥부의 손에 놓아주었다. 흥부가 그 씨앗을 심자 거대한 박이 자라났고, 박을 가르자 그 안에는 금은보화가 가득 차 있었다.

형 놀부는 이 이야기를 듣고 자신도 같은 방법으로 부자가 되려고 했다. 그는 제비를 붙잡아 일부러 다리를 부러뜨린 뒤, 다 나을 때까지 돌보았다. 과연 제비는 씨앗을 물고 돌아왔고, 놀부가 그것을 심자 흥부의 것보다 더 큰 박이 자라났다. 하지만 그 박을 가르자 악취가 나는 오물이 쏟아져 나와 놀부의 집과 재산을 모두 쓸어 버렸다.

이제 우리는 한국의 세 번째 범주인 '설화'에 대해 살펴보려 한다. 여기서 '설화'란 사람들 사이에 실제 역사로 여겨졌던 초자연적이거나 비현실적인 사건을 담은 이야기들을 뜻한다. 이러한 이야기들은 대체로 짧고 간결하며, 한국 고유의 색채를 강하게 지니고 있다. 이는 설화가 한국 역사와 밀접하게 연관되어 있기 때문이다. 뿐만 아니라 한국 설화는 중국이나 일본의 유사한 이야기들과도 뚜렷하게 구별되는 고유한 특성을 지닌다. 이들 설화는 대개 오래된 이야기로,

중국 문화의 영향을 받기 이전부터 전해 내려온 경우가 많아 독자적인 특성을 유지해 왔다고 볼 수 있다.

우선 각 왕국의 건국과 시조의 기원에 관한 설화를 살펴보자. 고대 영웅들의 출생 배경에는 '알'이 매우 중요한 상징으로 등장한다. 가장 오래된 시조인 단군의 경우, 곰이 굴속에서 인내심 있게 머무른 끝에 여인으로 변했고, 그녀는 창조주 환인의 아들 환웅과 혼인하였다. 그들의 아들이 바로 단군이며, 성경 속 노아와 동시대 인물로도 여겨진다.

남쪽의 위대한 고대 왕국인 신라(B. C. 57)의 시조, 박혁거세는 숲 속에서 발견된 거대한 알에서 태어났다. 북방의 고구려를 세운 시조, 주몽 역시 반쯤 신화적인 알에서 태어났다고 전해진다. 신라 초기 영웅 중 하나인 석탈해는 단단히 봉인된 궤짝 속의 알 형태로 일본 북부에서 물결을 따라 떠내려 왔다는 이야기가 전해진다. 제주도의 세 현인은 땅속에서 솟아났다고 한다.

고려의 창건자 어머니는 바다의 신, 즉 한국 신화 속 해신의 딸이었다.

고구려 시조의 아버지는 돌 아래에서 발견되었는데, 황금빛을 띠며 개구리 형상을 하고 있었기에 '금와(金蛙)'라 불렸다. 신라 시조의 아내는 '용천(龍泉)'이라 불리는 샘 근처 암탉 옆에서 나왔다고 전해진다. 이처럼 많은 설화에서 영웅들은 초인적인 기원을 지닌 존재로 묘사되며, 그 탄생 자체가 신비와 상상의 대상이 되어 왔다.

이 이야기들과 밀접하게 연결된 것들은 중대한 사건이 다가오고 있음을 예고하는 징조나 예언에 관한 내용이다. 상서로운 징조들은 대부분 꿈을 통해서만 예고되었다. 10세기 이후 한국 역사에 등장한 위대한 인물들 가운데, 태어날 때 길하고 신령한 꿈이 전해지지 않는 경우는 거의 없었다. 영웅들은 명성을 얻기 전에도 꿈을 통해 위대한 운명을 암시받곤 했다.

현 왕조의 시조는 젊은 시절, 달리는 양의 뿔과 꼬리가 떨어지는 꿈을 꾸었다고 전해진다. 이는 훗날 그가 왕이 될 것을 의미하는 것으로 해석되었다. '양(羊)'에서 뿔과 꼬리를 제거하면 '왕(王)'이 되기 때문이다.

A. D. 1592년 임진왜란 당시 거북선을 이끌고 왜군의 증원 군을 물리친 위대한 장군 이순신도 친구가 꾼 꿈을 통해 장차 큰 인물이 될 것을 예고 받았다. 꿈속에서 몇몇 사람들이 거대한 나무를 베려 했지만, 이순신이 나타나 한 손으로 나무를 지탱하고 다른 손으로는 그들을 쫓아낸 것이다.

고려 태조 왕건의 아버지도 꿈을 꾸었는데, 어린 소나무 아래 물고기 비늘처럼 생긴 비늘이 목 뒤에 난 아이가 있었다. 잠에서 깬 그는 유명한 승려 도선을 만났고, 도선은 그 아이가 강화도 근처 바다에 사는 용의 자식이며 장차 뛰어난 인물이 될 것이라 예언했다.

임진왜란 이전, 선조는 한 여인이 머리에 벼 이삭을 이고 궁에 들어오는 꿈을 꾸었다. 이를 들은 유학자 율곡은 "전쟁을 준비해야 합니다. 왜(倭)자는 사람(人), 벼(禾), 여자(女)로 이루어져 있으며, 벼 이삭이 여자의 위에 있으니 작은 자들, 즉 일본인이 온다는 뜻입니다"라고 해석했다.

어느 처녀는 꿈에서 용이 아버지의 먹물을 담는 병 속으로 들어가는 것을 보았다. 그녀는 깨어난 뒤 그 병을 감추어 두었고, 결혼 후 아들이 과거 시험을 준비할 나이가 되었을 때 병을 주며 말했다. "이것을 가지고 글을 쓰면 큰 명예를 얻을 것이다." 아들은 그 말대로 병을 사용했고, 용의 도움으로 연속해서 시험에 합격해 마침내 정승의 자리에 올랐다.

  일반적으로 미래의 사건을 예고하는 징조들은 대부분 불길했다. 종교에서 두려움이 중심을 이루는 것은 모든 반문명 사회의 공통된 특징이며, 이런 두려움은 사람들이 다가올 재앙의 징후를 빠르게 감지하게 만들었다.

  백제가 멸망하기 전, 도깨비들이 궁궐 복도를 날아다니며 "백제가 망했다, 망했다"고 외치고 땅속으로 사라졌다고 한다. 그들이 사라진 지점을 파보니, 거북이 등껍질에 "신라의 태양은 이제 막 떠올랐고, 백제의 태양은 정점에 있다"는 글자가 새겨져 있었다. 이는 백제가 기울고 있음을 의미했다.

  고구려가 멸망하기 전에는 호랑이들이 산에서 내려와 도시 거리로 다니기도 했다. 신라의 멸망, 일본의 침략, 그리고 여러 재난들은 모두 이런 전조 현상을 동반했다.

  그중에서도 불길한 징조로는 강이나 바닷물이 피처럼 붉게 변하는 현상, 유성이나 혜성의 출현, 일식, 사람이나 동물의 기형 출산, 흰 여우가 길을 가로지르는 일, 곤충 떼가 나타나는 것, 겨울에 천둥이 치는 현상, 과일나무가 늦가을에 꽃을 피우는 일, 태양 둘레에 생긴 흰빛 햇무리, 왕릉에서 들려오는 곡소리, 성문이나 사찰 문이 바람에 날아가는 현상, 구름이 서로 부딪히며 싸우는 모습, 개구리들이 서로를 공격하는 행동, 그리고 개구리의 눈이 붉고 이글거리게 변하는 것 등이 있다. 이런 여러 징조들은 한국 전설 속에서 반복적으로 등장한다.

  흥미로운 점은, 이들 징조 중 다수가 고대 로마인들이 두려워했던 징조들과 매우 비슷하다는 것이다. 예를 들어, 셰익스피어의 비극 『줄리어스 시저』에도 이런 내용이 묘사되어 있다. 물론 지진이나 대규모 재난 같은 현상은 전 세계 어디서나 불길한 징조로 해석될 수 있지만, 야생동물이 도심 거리를 돌아다니는 것처럼 설명하기 어려운 징조도 있다.

반면, 좋은 일이 있을 징조로는 흰 사슴이나 흰 꿩을 만나는 일, 두 줄기로 갈라진 보리 이삭을 발견하는 일이 대표적이다.

예언은 한국 전설에서 중요한 역할을 한다. 대부분 사후에 붙여진 예언이지만, 한국 사람들은 여전히 그것을 믿는다. 10세기 이후 한국 역사에 중요한 사건들은 어느 시기에 예언된 것으로 전해진다. 공식적인 예언 기관은 없었지만, 때때로 승려나 지식인이 미래에 대한 예지를 전했다.

그중 가장 유명한 인물은 무학 대사로 현재 왕조가 세워질 무렵 경복궁 터에 궁궐을 짓는 것을 반대하며, 그렇게 하면 200년 후에 큰 재난이 닥칠 것이라고 경고했다. 이 말은 A. D. 1392년에 나온 것으로 추정되며, 실제로 1592년에 일본의 침략이 일어났다. 새로운 왕조가 세워진 지 정확히 200년 만에 침략이 일어난 것은 매우 놀라운 예언으로 여겨진다.

이 예언들의 진위를 의심하는 사람이 있으면, 한국인들은 아직 이루어지지 않은 예언 하나를 가리킨다. 바로 이 왕조 다음에 또 다른 왕조가 생기는데, 그 수도가 계룡산에 세워질 것이라는 내용이다. 이 예언은 고려 시대부터 전해 내려왔다. 흥미롭게도, 또 다른 예언에는 이 왕조가 500년을 넘기면 영원히 계속될 것이라고도 전해진다. 몇 년 전 위기가 닥쳤을 때, 이 예언 때문에 당시 지도층 사이에 큰 불안감이 있었다.

최근에 알려진 또 다른 예언에는 "한국에 흰 소나무가 자라면, 남쪽은 새우에게, 북쪽은 타타르에게 넘어갈 것이다"라는 내용이 있다.

여기서 '흰 소나무'는 전신주를, '새우'는 일본을, '타타르'는 러시아를 뜻한다고 해석된다.

무학 대사가 한양을 수도로 삼아야 한다고 예언하며 삼각산에 올라 남쪽을 바라보면서 말하기를, "남산이 10리 거리에 보이니, 수도가 이곳에 세워지면 어떤 관료도 10년 이상 권력을 유지하지 못할 것이다. 강에는 3리마다 급류가 있어 어떤 가문도 3대 이상 부를 유지하지 못할 징후가 있다"라고 했다.

A. D. 918년 도선 대사가 송악산에 올라 고려 왕조의 수도로 송도를 정했을 때, 실수로 잘못 판단했다. 다음 날 다시 올라가 보니, 한양 뒤에 있는 삼각산의 먼 봉우리들이 하룻밤 사이에 솟아올라 송도를 향해 감시하고 있는 형국인 것을 보고 크게 놀랐다. 이에 도선 대사는 5백 년 안에 그곳에서 문제가 생길 것이라고 예언했다. 그래서 송도 성문 밖에 놋쇠로 만든 12마리 개를 세워 475년 동안 멀리 있는 산봉우리를 향해 짖게 했지만, 아무런 효과가 없었다. 지면의 한계로 더 많은 예를 들 수는 없으나, 여기 소개한 것만으로도 한국 예언의 방식을 충분히 알 수 있다.

한국 역사 전체에 걸쳐 21개의 수도가 세워졌으며, 이와 관련된 전설들이 매우 흥미롭다. 대부분은 송도와 한양에 집중되어 있으나, 고대 경주, 평양, 부여, 춘천, 광주 등도 한국 민속에 깊이 자리 잡고 있다. 서울이 도성으로 정해지는 과정에서 무학대사를 위시한 불교 세력과 태조의 측근들 사이에 갈등이 있었다. 결국 불교 세력이 이긴 것으로 보이는데, 그 당시까지 이런 일들은 모두 승려들에게 맡겨졌으며, 새로 세우는 나라의 질서가 전통에서 벗어나지 못했기 때문이다. 이 이야기들은 유교적 실용주의와는 거리가 멀고, 신비롭거나 초자연적인 요소들은 불교, 주술, 무속에서 비롯된 것으로 볼 수 있다.

또 다른 전설은 중요한 위기 상황에서 초자연적 힘의 도움을 받은 이야기다. 고구려를 세운 주몽은 부여에서 형제들의 위협을 피해 달아나다 강에 이르렀다. 다리도 배도 없는 상황에서, 그는 화살을 강에 쏘았고, 많은 물고기들이 물 위로 올라와 등을 맞대 다리를 만들어 주었으며, 덕분에 무사히 건널 수 있었다. 신라 수도가 북방 이민족의 공격을 받아 위험에 처했을 때, 대나무 잎처럼 생긴 귀를 가진 이상한 군사들이 나타나 이민족을 쫓아내었다. 다음 날 왕은 아버지 무덤 위에 대나무 잎이 흩뿌려진 것을 보고, 그 영혼들이 어려운 때 자신을 도우러 왔다는 것을 알았다.

임진왜란 당시 왜군이 기자의 무덤을 파헤치려 했을 때, 땅속에서 음악 소리가 들려오자 두려움에 사로잡혀 파묘를 중단했다. 이처럼 왕릉에서 경고가 울린다는 이야기는 한국 전설 속에서 자주 등장하는 주제이다. 같은 침략자들이 이태조의 무덤을 훼손하려 했을 때는, 그 무덤 주변에 빽빽이 자란 갈대들이 무장한 군병으로 변해 왜군을 물리쳤다.

낙랑의 지배자들은 적이 국경을 공격하려 할 때마다 저절로 불길한 신음 소리를 내는 북을 가지고 있었다. 한국의 전쟁터도 다른 나라들과 마찬가지로 수많은 흥미진진한 이야기들의 배경이 되었다. 고구려 군대가 북쪽의 부여를 공격하러 갈 때, 한 지역(이물) 숲에서 무기들이 부딪히는 소리를 들었다. 군 지휘관들이 숲 속으로 나아가 보니 보이지 않는 손들이 칼과 창을 휘두르고 있었고, 그 징조를 길조로 받아들여 그 무기들을 집어 들어 적을 무찔렀다.

반란군이 경주를 공격했을 때, 별이 도시에 떨어지자, 사람들은 이를 파멸의 징조로 여겨 두려워했다. 하지만 어느 용감한 장수는 운명마저 거슬러 연의 꼬리에 등을 달아 하늘로 날려 보냈다. 그 모습을 본 반란군은 떨어진 별이 다시 하늘로 돌아가는 것이라 믿고 퇴각했다.

한국의 거의 모든 땅은 한 번쯤은 전쟁터가 되었으며, 명사수의 전설, 영웅적인 용기, 엄청난 괴력, 교묘한 전략, 기발한 발명, 용맹한 기마술, 아슬아슬한 탈출 이야기는 한국인의 일상적 회상 속에 살아 있다.

예를 들어, 해적 무리의 우두머리를 이태조가 직접 쏘아죽인 전투가 있다. 그는 부하 이지란에게 적장의 투구를 쏘게 했고, 투구가 벗겨지는 순간 이태조의 화살이 적의 눈을 꿰뚫었다. 또 다른 유명한 계책은 이순신 장군의 이야기이다. 그는 일본군에게 포위되었을 때, 대나무 장대에 사람 옷을 걸어 언덕 위에 세움으로써 적군으로 하여금 대군이 있는 것으로 착각하게 만들었다. 결국 포위를 풀게 했다.

명나라의 원군으로 참전한 이여송 장군은 왜군의 총탄이 몸에 맞았음에도 납작해져 땅에 떨어졌다고 전해질 정도로 패기가 있었다고 한다. '홍의장군' 곽재우는 오늘은 전라도에서 적군을 물리치고, 내일은 천 리 떨어진 경주에서 아침을 먹을 수 있을 만큼, 땅을 뒤흔드는 신묘한 능력을 지녔다고 전해진다. 그는 축지법을 써서 땅을 자기 앞에서 접히게 만들고 몇 걸음 걸은 후 다시 펴지게 하여 한꺼번에 백 리를 간 셈이었다.

어떤 사람들은 집을 뛰어넘거나 모습을 감추는 변신 능력도 있었다. 이처럼 절망적인 위기에서 사람들을 구한 기이한 이야기들이 한국 민담 속에 많다. 유명한 장군, 승려, 도적, 해적들의 무용담은 그 이름과 함께 오늘날까지도 한국인의 마음속에 살아 숨 쉰다.

여성들 또한 주목받을 만한 인물들이 많다. 인어공주이자 주몽의 어머니인 유화에서부터, 진주성 남강 주변의 성루에서 일본 장수를 붙잡아 끌어안고 함께 떨어져 죽은 기생이자 애국자로 알려진 논개에 이르기까지 그러하다. 한국 여성들 중 가장 고결한 인물로 꼽히는 이는 백제의 마지막 왕비였다. 무자비한 적이 다가오자 그녀는 궁녀들을 이끌고 백마강 주변의 깎아지른 벼랑으로 올라갔다. 신라 군인들에게 모욕당하지 않으려고 스스로 물속에 몸을 던졌다. 그 절벽은 오늘날 '낙화암'이라 불리며, 이 이름만으로도 한국인의 시적 감성을 보여준다.

또한, 한국 최초의 여성 통치자로 전해지는 선덕여왕(덕만)은, 개구리 눈에 비친 불꽃을 통해 백제군이 신라의 서쪽 국경을 넘어왔음을 예지했다. 충성스러운 아내 세오녀는 남편을 따라 날아가는 바위를 타고 일본으로 건너가 왕비가 되었고, 신라 왕이 제사를 지내며 태양의 빛을 되찾을 수 있도록 하는 신비한 비단을 짰다. 세오녀가 떠난 뒤 신라는 깊은 어둠에 잠겼으나 그녀의 비단으로 다시 빛을 얻을 수 있었다.

임진왜란 당시 평양에는 '한국의 유딧(구약 외경에 등장)'이라 불리는 한 기생이 있었다. 그녀는 히데요시의 군대가 평양을 점령했을 때, 밤중에 성벽 너머로 오빠를 불러들여 자신을 억류하던 장수의 목을 베게 했다. 그 장수는 항상 식탁에 앉아 두 손에 칼을 쥔 채, 한쪽 눈만 감은 채로 곧추 세워진 자세로 잠을 자곤 했다. 그의 머리가 바닥에 떨어진 뒤에도, 그는 벌떡 일어나 칼 하나를 던졌는데, 그 위력이 엄청나서 두꺼운 나무 기둥을 그대로 꿰뚫고 지나갈 정도였다.

한편, 악명 높은 여성들도 있었는데, 예맥의 왕자와 결혼한 낙랑 공주가 그중 하나이다.

그녀의 남편은 낙랑 궁정에서 살게 되었다. 그곳의 삼엄한 경비로 통제된 건물 안에는, 인간의 손이 닿지 않아도 적이 국경을 넘으면 저절로 둔탁한 소리를 내는 북이 걸려 있었다. 이 왕자는 그의 아버지 예맥 왕이 낙랑을 공격할 계획임을 알고 있었고, 아내인 공주에게 북이 있는 종루에 들어가 북의 머리를 칼로 찢으라고 설득했다. 얼마 지나지 않아 예맥군이 국경을 넘었다는 전갈이 급히 궁에 전해졌지만, 왕은 북소리를 듣지 못했다며 웃어넘겼고, 사실이 아니라고 믿었다. 하지만 북이 이미 찢겨 있었던 것이 나중에야 드러났고, 그때는 이미 너무 늦었다. 왕자는 적군에게 도망쳤고, 공주는 자신의 죄를 자백한 뒤 처형당했다. 곧이어 낙랑은 예맥의 칼 아래 무너졌다.

한국 전설의 중요한 요소 가운데 하나는 판관이나 관리들이 복잡한 사법 문제를 지혜롭게 해결한 이야기들이다. 이러한 이야기들은 또한 오랜 세월 이상적인 통치와는 거리가 먼 환경 속에서도 한국인의 유쾌하고 인내심 있는 기질이 유지되어 왔음을 잘 보여 준다.

어느 소년이 실수로 부모를 쏘아 죽이고 울면서 현령에게 찾아왔다. 현령은 법에 따라 엄격히 처벌할지 망설이고 있었는데, 그때 그의 자식이 들어와 아버지의 고민을 듣고 말했다. "그 소년은 처형되어야 합니다. 마음이 바르다면 벌을 기다릴 게 아니라 스스로 목숨을 끊었어야지요. 그의 눈물은 그저 아버지의 동정을 사기 위한 것입니다." 결국 소년은 처형되었다.

어느 아버지가 세상을 떠나며 갓 태어난 아들에겐 모자 하나와 신발 한 켤레, 두루마리 종이 한 장만 남기고, 나머지 모든 재산은 열네 살 딸에게 물려주었다. 아들이 성장해 누이에게 유산을 나누자고 요청했지만, 누이는 이를 거절하며 오히려 그를 내쫓았다. 그에게 남은 것은 아버지가 남긴 모자, 신발, 그리고 종이뿐이었다. 친구의 조언으로 그는 관청에 탄원하기로 결심하고, 종이에 사연을 적었다. 당시에는 모자와 신발을 갖추지 않으면 관아에 들어갈 수 없었기 때문에, 그는 그것들을 착용한 뒤 관아로 향했다. 사연을 들은 원님이 웃으며 말했다. "물론 너는 공정한 판결을 받을 것이다."

네 아버지는 딸이 욕심이 많다는 사실을 알고, 그녀가 돈을 동생에게 넘기기 전에 다 써버릴 것을 미리 예견했다. 그래서 그 돈을 자기 것인 줄 알고 쌓아두게 했고, 너에게는 모자와 신발, 그리고 그녀를 고발할 수 있도록 글을 쓸 종이를 주었다. 나는 그녀가 가진 재산 전부를 너에게 넘기도록 명령한다. 그것이 분명히 네 아버지의 뜻이기 때문이다.

어느 고을에서 값비싼 놋그릇 도난 사건이 있었다. 용의자는 스물세 명에서 서른 명 가운데 한 명으로 보였지만, 누구인지 알 수 없었다. 현감은 이들을 어떤 핑계를 대어 모두 불러 모은 뒤, 시시한 이야기만 나누고 돌려보냈다. 그들이 등을 돌리고 문을 나서려는 순간, 현감이 갑자기 외쳤다.

"그 놋그릇은 어디 있느냐?" 도둑은 깜짝 놀라 당황한 나머지 갑자기 현감 쪽으로 몸을 돌렸고, 그 순간 범인이라는 사실이 드러났다.

어느 날 밤, 한 마을에서 누군가 소의 혀를 잘라간 사건이 발생하였다. 현감은 하루 종일 소에게 먹이를 주지 않고 굶긴 뒤, 마을 사람들을 모두 불러 모았다. 그리고 한 사람씩 소에게 콩을 주게 했다. 소는 대부분의 사람에게서 콩을 잘 받아먹었지만, 마지막에 한 소년이 다가오자 갑자기 놀라며 몸을 움찔했다. 그 순간 현감은 범인이 누구인지 알아챘다. 소년은 병든 어머니가 소 혀를 먹고 싶어 했지만 살

돈이 없어서 저지른 일이라고 고백했다. 현감은 소 값을 대신 치르고, 그 소를 소년의 생계를 도울 수 있도록 내주었다.

어느 고을에서 두 남자가 긴 담뱃대의 소유권을 놓고 다투었다. 현감은 사건을 다루기 전에 먼저 담배를 피우자고 말한 뒤, 두 사람에게 중간 길이의 담뱃대를 하나씩 건넸다. 두 사람이 담배를 피우는 모습을 지켜보던 현감은, 한 사람은 고개를 꼿꼿이 들고 똑바로 앉아 있었고, 다른 사람은 고개를 숙이거나 몸을 앞으로 기울인 채 피우고 있는 것을 보았다. 그래서 현감은 이렇게 말했다.

"이 사건은 더 따져볼 필요도 없다. 누가 주인인지 알겠다. 긴 담뱃대로 담배를 자주 피우는 사람은 편하게 피우기 위해 늘 똑바로 앉는 자세에 익숙해진다."

이렇게 해서 진짜 주인이 밝혀졌다.

한 시골 사람이 종로 거리에 서서 주위를 두리번거리고 있었는데, 팔에 곱게 손질한 노란 개 가죽을 끼고 있었다.

그때 한 사기꾼이 슬그머니 다가와 시골 사람 뒤로 돌아 가죽 한쪽 끝을 자신의 팔 밑으로 집어넣었다. 시골 사람이 움직이자 사기꾼이 소리쳤다. "이거 내 개 가죽 아니야?" 시골 사람은 단호하게 "아니요, 제 가죽입니다"라고 맞섰고, 결국 사건은 관아로 넘어갔다. 판관은 가죽을 손에 들고 머리가 보이지 않게 접은 뒤, 두 사람의 이야기를 들은 후 유심히 가죽을 살펴보며 말했다. "좋은 가죽이긴 한데, 왜 귀 하나를 잘랐지?" 사기꾼은 재빨리 "두 달쯤 전 싸움에서 그렇게 되었던 겁니다."라고 답했으나, 진짜 주인은 "제 개 귀는 잘리지 않았습니다."라고 말했다. 판관은 가죽을 원래 주인에게 건네며 사기꾼을 향해 단호하게 말했다. "네 개의 귀가 잘렸다면 이 가죽은 왜 멀쩡하단 말이냐? 당장 몇 주간 노역을 해야겠구나."

한 사냥꾼이 여우를 쫓다가 크게 상처 입혔고, 조금만 더 하면 잡을 수 있는 상황이었다. 그런데 한 집 마당에서 개 한 마리가 나와 여우를 물고 달아났다. 이에 개 주인이 여우는 자기 것이라고 주장했다. 판관은 말했다. "분명 사냥꾼은 가죽을 얻으려 한 것이고, 개는 고기를 얻으려 한 것이니, 각자가 원하는 것을 갖도록 하라."

이러한 이야기들은 한국의 현명한 판관들에 얽힌 일화 중 일부에 불과하며, 이를 통해 이 계통의 이야기 전체를 이해할 수 있다. 이들 이야기는 인간 본성에 대한 예리한 통찰을 보여주는 경우가 많으며, 건조하지만 유머가 배어 있어 한국 이야기꾼의 작품 중에서도 흥미로운 부분을 차지한다.

전설의 세계가 매혹적이긴 하지만, 여기서는 '신화'라는 단어를 엄밀한 의미, 즉 자연현상의 초자연적 기원을 뜻하는 것으로 사용하고자 한다. 우선 말하자면, 한국인의 상상력은 그리스 신화를 낳은 기발하고 환상적인 상상력만큼 크거나 생기 넘치지 못했다. 또한 북유럽 신화의 강인한 영웅들을 낳을 만큼 활기차거나 원초적이지도 않았다. 그리스, 로마, 스칸디나비아 신화 속 신들은 모두 거대하고 위엄 있는 존재들로 가득하지만, 한국의 초인적·초월적 존재들은 대체로 인간보다 못한 모습으로 그려진다. 교활하거나 힘이 세기는 하지만, 고귀하거나 존경받을 만한 경우는 드물다.

그래서 한국인은 그리스·로마 신화에 나오는 태양의 전차를 끄는 아폴로 같은 신의 이야기가 아니라, 빈대가 왜 납작한지에 대한 소박한 이야기를 들려준다.

서양에서는 새털구름을 하늘 목장에서 풀을 뜯는 양 떼로 상상하지만, 한국인은 참새가 두 발로 깡충깡충 뛰고 까치가 한 발씩 번갈아 내딛는 이유를 이야기한다. 그리스 신화가 망원경처럼 거대한 상상력을 보여준다면, 한국 신화는 현미경처럼 작고 세밀한 것에 집중한다. 불의 기원이나 춘분과 추분의 진행, 메아리나 번개의 정체를 알고 싶다면 그리스 신화를 찾아야 한다. 반면, 개미의 허리가 왜 그렇게 가느다란지, 이의 가슴에 왜 검은 점이 있는지를 알고 싶다면 한국 신화를 참고해야 한다.

서양은 형식을 중시하고 세부는 부차적인 것으로 여긴다. 반대로 동양에서는 세부가 핵심이며, 형식은 그 세부를 드러내기 위한 배경에 불과하다.

한국 신화를 대표하는 몇 가지 예를 들 수 있다. 예를 들어, 왜 게는 옆으로 걷고 지렁이는 눈이 없는지를 물어보자, 한국인은 아주 오래전에는 그렇지 않았다고 말한다. 그때는 게가 눈이 없고 몸통에 검은 띠를 두르고 있었으며, 지렁이는 눈이 있었다고 한다. 그런데 어느 날 게가 지렁이와 혼인을 했고, 얼마 지나지 않아 가족을 부양하는 자신에게 눈을 빌려주면 검은 띠를 주겠다고 제안했다. 지렁이는 이를 받아들였고, 게는 눈을 얻자마자 배신하고 이혼을 요구했고 결국 이혼에 성공했다. 지렁이는 눈을 돌려달라고 요구했지만, 게는 거절했다. 분노한 지렁이는 격렬하게 공격했고, 게는 뒷걸음질을 쳤다. 지렁이는 끝까지 추격했고, 게는 계속해서 물러나다 결국 옆으로 걷는 습관이 몸에 배게 되었다.

또 다른 이야기에서는 파리와 참새가 다툼 끝에 평안북도의 한 관찰사에게 중재를 요청한다. 파리는 참새가 쌀을 훔쳐 먹고 처마 밑에 둥지를 틀며 시끄럽게 싸운다고 고발했다. 관찰사는 다른 쪽 이야기는 듣지도 않고 참새의 다리를 때리라고 명령했다. 매질이 시작되자 참새는 펄쩍펄쩍 뛰며 다른 쪽 이야기도 들어달라고 애원했다. 관찰사가 이를 받아들이자, 이번엔 참새가 파리를 고발했다. 파리가 집

I. 호머 베절릴 헐버트(1863-1949) 51

안으로 들어와 음식을 더럽히고 쌀에 알을 낳아 망친다는 것이었다. 이에 관찰사는 파리를 매질하라고 했지만, 파리들은 손을 비비며 너무나 애절하게 용서를 빌었다.

결국 관찰사는 그들을 용서해주었다. 관찰사는 그 재판을 기념하기 위해 참새는 영원히 두 발로만 깡충깡충 뛰어다니게 하고, 파리는 어디에 앉든 꼭 앞발을 비비게 하겠다고 명했다.

이와 마찬가지로, 한국의 전승 이야기에는 넙치(광어)의 두 눈이 한쪽에 몰려 있는 이유, 청어의 뼈가 유난히 많은 이유, 달 표면에 나무와 그 아래 토끼 그림이 생긴 이유, 수수 껍질이 붉은색으로 싸여 있는 이유, 조개는 사실 바다에 빠진 새라는 이야기, 매가 경찰처럼 행동하는 이유, 문어와 뱀이 소송을 벌이다가 뱀이 패소해 네 다리를 문어에게 넘겨야 했다는 이야기, 지렁이의 다리가 모두 잘려 나가서 지네에게 주어졌다는 이야기 등, 자연의 기이하고 신기한 현상들에 대한 설명이 풍부하게 전해져 오고 있다.

지금까지 우리는 한국의 전래동화를 대략적으로 몇 가지 유형으로 나눌 수 있었다. 그러나 그 외에도 너무나 다양하고 분류하기 어려운 수많은 이야기들이 존재하여 우리는 이를 개별적인 이야기 유형으로 나열할 수밖에 없다. 만약 임의로 분류할 수 있다면, 나는 인간의 감정에서 영감을 얻은 이야기들을 하나의 범주로 묶고 싶다.

서구에서 흔히 볼 수 있는 순수한 상태의 연애 이야기는 한국 민속에는 거의 등장하지 않는다. 결혼 적령기의 남녀가 자유롭게 교류할 수 없는 사회적 조건이 이를 설명해 준다. 오히려 이러한 제한이 '정당한 애정'의 표현을 막은 대신, 도리어 공공연히 이야기할 수 없는 유형의 문학이 널리 퍼지는 데 영향을 주었을지도 모른다. 남녀

간의 사랑은 존경받는 한국인들 사이에서는 좀처럼 입에 올리지 않는 주제이다.

인간 본성을 다룬 이야기 중에서도 가장 두드러지는 것은 복수를 주제로 한 이야기들이다. 이러한 유형의 이야기가 널리 퍼진 데에는 공정하고 객관적인 정의가 자리 잡지 못한 사회 구조가 큰 원인이라 할 수 있다. 정치, 산업, 사회 전반에서 "승자에게 모든 것이 돌아가게 된다"는 승자 독식의 원칙이 지배하고, 정치인은 물론 장사하는 상인이나 하층민들조차 '연줄'이 가장 중요한 자산인 사회에서는 복수에 대한 욕망이 날마다 자라날 수밖에 없다. 그리고 그 복수심은 한국의 전래 이야기 속에 뚜렷하게 반영되어 있다.

한 여인이 고을 수령에게 조상의 묘지를 빼앗긴다. 어느 점쟁이가 그녀에게 말하기를, 달걀 하나를 다른 달걀 위에 올려놓고 쓰러지지 않게 하면 원한을 풀 수 있을 것이라고 한다. 여인은 오랜 세월 동안 이 불가능해 보이는 일을 시도하며 마음속의 분노를 삭이며 살아간다. 그러던 어느 날 밤, 하룬 알-라시드(아바스 왕조 아랍 칼리프)처럼 변복하고 백성들의 삶을 살피던 조선의 왕이 우연히 창문을 통해, 나이 든 여인이 끈질기게 달걀을 쌓는 모습을 본다. 마침내 그녀의 바람은 이루어지고, 한 개의 달걀이 다른 달걀 위에 안정적으로 올라간다. 이 광경을 지켜본 왕은 집 안으로 들어가 사연을 듣고, 그녀가 그토록 원하던 복수를 직접 이뤄준다.

또 다른 이야기에서는, 권세 있는 대신의 손에 아버지와 오빠를 잃은 어린 소녀가 산속으로 들어가 수년간 검무를 익히며 복수를 준비한다. 그녀는 대신의 외아들을 죽여 혈통이 이어지지 않게 하겠다는 결심으로 훈련에 매진한다. 한편 대신의 아들은 아버지에게 버림받아 떠돌던 중, 산속에서 소녀를 만나 서로의 정체를 모른 채 사랑에 빠지고 결혼하게 된다. 소녀는 남편에게 자신이 지닌 무서운 복수심을 말하지 않은 채 살고, 마침내 그 복수를 실현할 날이 다가온다. 그러나 그 순간, 그녀는 남편이 바로 자신이 죽이려 했던 그 대신의 아들이었음을 알게 된다. 이에 남편은 아버지의 성을 버리고 장인의 성을 따르겠다고 선언하고, 비극은 평화롭게 마무리된다.

또 한 청년은 고위 관료에게 큰 피해를 입었다고 오해하고 복수를 결심한다. 그는 신분을 숨기고 그 관료의 집에 하인으로 들어가 신임을 얻는다. 복수의 날이 다가오자, 주인은 그의 얼굴에서 이를 눈치 채고 밤에 자신 대신 침대에 허수아비를 눕히고 병풍 뒤에 몸을 숨긴다. 청년은 칼을 들고 들어와 허수아비를 찌른 뒤 도망친다. 다음 날, 관료는 교묘한 방법으로 그 청년을 다시 집으로 데려와 그의 오해를 풀고, 아무 일도 없었던 듯이 다시 원래의 자리로 복직시킨다. 이 모든 일은 집안의 다른 누구도 눈치 채지 못한 채 조용히 마무리된다.

한국에도 탐정과 그들의 교활함에 관한 이야기가 전해진다. 조선시대에는 관리나 지방 수령의 잘못을 감시하고 백성의 억울함을 바로잡기 위해 중앙에서 비밀리에 암행어사를 파견하는 관행이 있었는데, 이는 흥미로운 이야기들의 소재가 되었다. 이 이야기들은 서양의 복잡한 플롯에 비하면 다소 단순하지만, 때로는 영국 작가 아서 코난 도일이 창작한 가상의 탐정 캐릭터인 셜록 홈즈 못지않은 흥미로운 상황도 나타난다. 인간의 마음속에는 정의에 대한 열정적인 사랑이 깃들어 있다. 결국 정의는 반드시 승리해야 한다는 믿음이다. 실제 삶에는 비극도 많지만, 한국 소설에는 비극이 거의 없다는 점에서 한국인은 그렇게 생각하는 듯하다. 결국에는 모든 일이 잘 해결된다. 한국인은 다소 운명론적일 수 있지만, 비관적이지는 않다. 그들의 운명론은 상황이 닥치는 대로 자연스럽게 받아들이는 긍정적인 태도에 가깝다. 한국 희곡 무대에는 웃음이 가득하다 해도 과언이 아니다. 악역만이 최후에 처벌을 받는다.

정의에 대한 갈망은 일종의 열정에 가깝다. 아마도, 가장 간절히 바라는 것일수록 얻기 어렵다는 원리 때문일 것이다. 이런 감정은 오랫동안 지연되어 온 정의가 결국 실현되는 수많은 이야기들로 표현된다. 왕과 신하 사이, 부모와 자식 사이, 친구 사이, 주인과 하인 사이에서 정의가 실현되는 것이다. 한국 이야기꾼들도 서양 사람들과 마찬가지로 주인공을 위기에 빠뜨려서 그를 구해내는 재치를 보여주는 것을 좋아한다. 다행히도 한국에서는 주인공이 항상 위기에서 벗어나지만, 서양의 리얼리즘에서는 주인공이 고난 속에 남겨지는 경우가 많다.

명성을 추구하는 열망을 다룬 이야기는 대체로 문학적 성격을 띤다. 이러한 이야기는 나라가 주관하는 최고 수준의 과거 시험을 중심으로 전개된다. 이 시험들이 한국인의 삶에 끼친 엄청난 영향은 경쟁자들 간의 공개적인 다툼, 시험 감독관을 속이거나 매수하려는 시도, 가짜 시험지 제출, 이름 위조 등 관직에 오르기 위해 어떤 수단도 가리지 않는 이야기들을 통해 잘 드러난다. 이 점에서 문관과 무관의 상대적 위상이 나타난다. 문관은 무관보다 확실히 우위에 있다. 군사적 성공에만 기반한 명예는 충분하지 않다. 예외도 있긴 하지만 매우 드물다.

모든 한국 소설은 군사적 영광은 사람에게 강요되는 반면, 그가 진정으로 바라는 것은 문학적 명예임을 증명한다.

탐욕도 한국 설화에서 다뤄지는 정서 중 하나이긴 하지만, 대체로 부차적인 주제로만 등장한다. 이 열정을 중심으로 이야기가 전개되는 경우는 드물다. 한국인들은 대체로 낙천적인 성격을 지녔고, 인색함을 몹시 경멸했기 때문에 지나친 탐욕을 주제로 한 이야기는 대중에게 큰 매력을 주지 못한다.

반면, 관대함과 자기희생, 그리고 방탕하거나 비난받을 만한 낭비에 관한 이야기는 흔히 볼 수 있다. 이러한 주제들은 한국인의 기질과 잘 맞고, 그들의 낙관적인 성향과도 조화를 이루기 때문이다.

예를 들어, 한 소년이 자신의 장래를 위해 길을 나선다. 어느 마을에 이르러 보니, 한 소년이 부모를 장사 지낼 돈이 없어 울고 있었다. 우리의 주인공은 자신이 가진 전 재산, 마지막 동전까지 모두 그 낯선 소년에게 내어주고, 거지가 되어 다시 길을 떠난다. 그는 그렇게 전국을 떠돌다가 신라의 수도에 이르러 장군이 된다. 적군의 진영 예맥에는 골리앗과 같은 장수가 있었고, 주인공은 그에게 도전했는데, 알고 보니 그 장수가 바로 과거 자신이 도와주었던 그 소년이었다. 결국 옛 인연에 힘입어, 평화가 이루어졌다는 이야기이다.

이런 이야기는 한국의 아이들이 몇 시간이고 빠져들어 듣고 또 듣고 싶어 하는 전형적인 민담이다. 물론 한 나라 특유의 풍습이 민속 이야기 속에 녹아 있을 것이라 예상할 수 있고, 한국도 그 기대를 저버리지 않는다. 독특한 돌싸움, 줄다리기, 혐오스러운 과부 납치 풍습, 그리고 더 끔찍한 보쌈이라 불리는 풍습이 있었는데, 이는 신부가 곧 과부가 될 것이라는 점쟁이의 예언이 실현되는 것을 막기 위해 저질러진 사실상의 살인 행위였다.

또한 군현 관청에 세습적으로 소속되어 있던 아전들의 교활한 술수도 이야기의 소재가 되었다. 이들은 예수 시대 유대인의 세리들처럼 천대받는 존재였다. 이처럼 한국 고유의 풍습을 바탕으로 한 다양한 이야기들이 한국 민속 설화의 분량을 풍부하게 하고 있다.

또 다른 부류의 이야기들은 극적인 반전, 즉 장엄한 이야기에서 갑자기 우스꽝스러운 상황으로 떨어지는 놀라운 반전을 통해 흥미를 이끈다. 그중 첫 번째 예로, 숲속에서 거대한 돌부처를 발견한 남자의 이야기가 있다. 돌부처의 머리 갈라진 틈에서 한 그루의 배나무를 틔워냈고, 그 배나무에는 사람 머리만 한 커다란 배가 매달려 있었다. 그 귀한 열매는 목숨을 걸고서라도 얻을 만한 가치가 있었다.

그 남자는 부처상의 틈새에서 자라난 덤불을 붙잡고 힘겹게 기어올라 마침내 목덜미까지 도달했다. 돌출된 턱을 넘기 위해 덩굴 포도나무를 이용했지만, 여전히 코가 앞으로 튀어나와 길을 막는 듯했다. 그가 선택할 수 있는 유일한 방법은 콧구멍 안으로 기어올라 꼭대기로 통하는 통로를 찾는 것이었다.

처음엔 모든 것이 순조로웠다. 그러나 콧구멍이 좁아지는 지점에 이르렀을 때, 갑작스러운 강풍이 뿜어져 나왔고, 부처상 전체가 지진이라도 난 듯 흔들렸다.

그는 그대로 허공에 내던져졌고, 절벽 아래의 바위로 곤두박질치며 마지막으로 이렇게 중얼거렸다.

"신이 재채기를 했군."

다행히 그의 몸은 덤불더미 위에 떨어졌고, 그는 오후 늦게서야 정신을 차렸다.

눈을 떠보니, 조각상을 뒤흔든 그 충격으로 배나무에서 배가 떨어져 그의 발치에 놓여 있었다. 그는 그 배를 품에 안고 기쁜 마음으로 길을 떠났다.

이처럼 오랜 역사를 지닌 땅에는 예로부터 내려오는 수많은 유물들이 존재하며, 그 하나하나에는 민중의 숭배와 신비로운 전설이 깃들어 있다. 지금은 많은 유물이 사라졌지만, 예를 들어 '성배'처럼 사라진 것들도 그 이야기들은 남아 있다.

신라의 '황금척'(금으로 만든 자), 경주에서만 소리가 나는 낡은 피리, 질병의 본질을 알아볼 수 있는 마법의 돌, 그 옷을 입으면 보이지 않는 마법의 옷, 신라 왕들의 화장한 재를 동해 바다에 뿌리던 왕돌, 같은 것들이 있다. 또한 한국 곳곳에서 발견되는 고인돌들에도 저마다 이야기가 얽혀 있지만, 그 기원을 아는 이는 아무도 없다.

민간에 전해지는 다양한 이야기 가운데에는 한국에 새로운 것이 들어오거나 발명된 것과 관련된 이야기들도 있다. 성 패트릭이 아일랜드에서 뱀을 몰아냈다면, 연산군은 도리어 뱀을 한국에 들여왔다. 그는 머리맡에 두기 위해 뱀 몇 마리를 원했지만, 당시 한국엔 뱀이 없었다. 그래서 인도에 사람을 보내 뱀을 배 한 척 가득 실어 들여오게 했고, 짐을 내리던 도중 일부 뱀이 도망치면서 이후로 한국에 뱀이 살게 되었다는 것이다.

이 외에도 담배, 인삼, 포탄, 조총, 악기 등 다양한 것들이 어떻게 한국에 들어오게 되었는지에 관한 흥미로운 이야기가 전해진다. 그중 일부는 일본에서, 일부는 중국에서 유입되었고, 또 일부는 한국에서 자체적으로 발명된 것으로 여겨진다. 특히 한 가지 이야기에서는 한글이 한국 전통 가옥의 문살 격자무늬에서 영감을 받아 만들어졌다고 전한다. 또 다른 이야기에서는 한국인들이 음모를 방지하기 위해 특이하고 넓은 챙이 달린 모자를 쓰게 되었다는 이야기도 있다.

마지막으로, 비교 민속학과 한국 민속학 사이의 관계에 대해 짚어 보는 것이 필요하다. 본 논문은 한국 민속의 전반적인 양상과 내용을 간략히 살펴보는 데 그치지만, 그 너머에 놓인 더 중요한 과제는 한국의 민담들이 다른 나라의 민담들과 맺는 깊은 연관성이다. 바로 이 점에서 그러한 연구의 진정한 학문적 가치가 있다. 우리는 한국 민담이 어떤 이야기들을 빌려왔고, 또 어떤 이야기들을 다른 문화에 건네주었는지 알고자 한다. 이 논문에서 그 전모를 다루기는 어렵지만, 그 탐구가 얼마나 흥미로운 여정인지 짧게나마 보여줄 수 있다. 예컨대, 한국의 민담 속에는 유럽 전역에 걸쳐 사랑받는 신데렐라 이야기와 거의 흡사한 이야기가 전해지고, 알리바바와 40인의 도적, 영미권 흑인 민속에 전해지는 렘어스 아저씨 이야기, 하룬 알 라시드의 밤길 여행, 요나와 고래, 빨간 모자, 알라딘의 램프, 신밧드 항해사 등 서양 민속학자들에게 친숙한 다양한 유형의 이야기들이 전해지고 있다.

(『트랜잭션』 제2권 2호(1902))

II.

제임스 스카스 게일
(1863-1937)

1. 문학에 관한 소고

문학은 고대 갈리아가 세 부분으로 구분되듯이, 회화적·음악적·수학적 요소로 나눌 수 있다. 묘사적 문학은 곧 그림을 그리는 행위와 같으며, 참된 시는 산문이든 운문이든 본질적으로 음악적 성격을 지닌다. 또한 논증, 논설, 법률은 '2 더하기 2는 4'라는 공리에 의존하므로 이를 수학적 성격이라 할 수 있다. 따라서 문학은 그림, 음악, 수학의 세 차원으로 이해될 수 있다. 이러한 구분을 바탕으로 우리의 문학적 양상을 한국의 문학과 비교해 보면, 양자의 문체적 특성이 얼마나 현격하게 상이한지를 가늠할 수 있다.

1) 그림

서양인은 그림을 그릴 때 모든 것을 세세히 표현해야 명확하다고 생각한다. 그러나 한국인은 이를 보고 혼란스러워하며, 현미경이 있어야 이해할 수 있겠다고 말할 정도다. 그들은 묘사적인 문학에서도 전체적인 설명보다는 암시나 개요를 선호한다. 그래서 강한 긍정을 표현할 때에도 의문문을 쓰는 경우가 많다. 암시가 직설보다 더 강하게 느껴지기 때문이다.

중국의 고전은 대부분이 개요로만 되어 있고, 가르치려는 주제를 직접 제시하기보다 암시와 힌트만 준다. 그 예로, 중국 고전 중 가장 위대하다는 『주역』을 보면, 첫 번째 괘의 앞 세 줄만 보더라도 그 특성을 알 수 있다.

첫째 줄: "숨은 용은 아직 때가 아니므로 움직이지 않는다."

둘째 줄: "용이 들판에 나타났다. 군자를 만나면 길하다."
셋째 줄: "군자는 온종일 부지런하고, 저녁에도 여전히 조심한다. 위험하지만 잘못은 없다."

길즈(Giles)는 이를 기괴한 철학 체계라 했고, 외국인 대다수는 『주역』을 광기라 여겼다. 그러나 공자는 "『주역』을 연구하면 허물과 죄에서 벗어날 수 있다"고 말했다. 『주역』은 분명 공자에게는 의미가 있었으나 외국인에게는 그렇지 않았다. 『주역』은 암시와 상징으로 이루어져 있으며, 동양인은 그 안에서 의미를 읽어내고 그 방식을 사랑한다.

서양 회화가 사실적 묘사를 중시한다면, 한국인은 꽃 한 송이, 갈매기 한 마리만으로도 수많은 생각을 떠올린다. 예컨대 이런 노래가 있다.

> 아내 없는 남편이 새로 고향에서 온 이에게 묻는다.
> "내 고향을 보았는가? 들은 이야기를 말해주오. 옛집 대문 앞 매화나무 꽃이 피었는가?"
> 이방인은 대답한다.
> "꽃은 피었지만 창백하고 슬퍼 보였네. 그대 기다리느라 지쳐 있었네."

여기서 매화꽃은 아내를 상징한다. 아내의 슬픔과 기다림을 직접 묻는다면 표현의 아름다움은 사라졌을 것이다. 동양인의 사고는 학자든 평민이든 상징과 비유의 틀 안에서 움직인다. 따라서 우의와 암시적 문학이 이들에게는 특별한 의미를 지닌다.

2) 음악

서양식 음악은 한국인에게는 아직 의미가 없다. 멜로디와 표현 면에서 보면, 'Rock of Ages'보다 'Gwine Back to Dixie'가 더 좋은 찬송가처럼 들릴 수도 있다. 하지만 진정한 음악, 곧 구원의 이야기에 흐르는 영원한 선율이 있다. 진리가 음악과 결합될 때, 그것은 죄인의 귀에 음악처럼 들리고, 생명과 건강과 평화가 된다.

한국인들은 지난 몇 세기 동안 참된 음악을 잃었다고 말한다. 형식과 의례가 사람들의 마음을 닫아버려 더 이상 풍류(風流)에 대한 갈망이 사라진 것이다. 귀머거리만 가득한 세상에서 피아노를 만든다 하더라도 무슨 소용이 있겠는가? 다시 말해, 문학도 마음을 울리고 생명을 불어넣는 것이어야 한다.

한국의 선비들은 중국 고전을 지나치게 공부한 탓에 머리는 날카롭지만 마음은 메말라 있다. 그들은 바보가 아니며, 우리가 서양 대학에서 배운 지식을 그냥 떠먹여줄 수 있는 대상도 아니다. 오히려 지성 면에서는 그들이 더 나을 수도 있다. 한국의 학자는 한 가지를 깊이 공부했기 때문에, 여러 분야를 조금씩 아는 서양인보다 전문적이다. 논리적으로는 외국인을 능가하지만, 마음의 진실함에서는 외국인이 낫다.

문학에서 필요한 것은 단순한 지적 추상이 아니다. 마음을 울리는 무언가가 필요하다. 우리가 그들에게 음악이 되듯 글을 써서, 그들이 바울이 썼을 때처럼 '하나님의 지혜와 능력의 부요함이 얼마나 깊은가, 그 판단과 길이 헤아릴 수 없도다.'라고 노래하게 만들 수는 없을까? 공자가 말하기를 "예절과 풍속을 바르게 하는 데 음악만 한 것이 없다"라고 했고, "국가의 음악을 들으면 그 법과 정치를 짐작할 수 있다"라고도 했다. 우리는 공자가 결코 상상하지 못했던 방식으로 사람들에게 진리를 보여 주어, 그들의 예절과 풍속을 기독교적으로 새롭게 하고, 마음속에 천국의 법과 통치를 아는 지식을 심어줄 수 있지 않을까.

3) 수학

한국인의 사유 체계에서 논리와 증명, 즉 수학적 방식에 기초한 설득은 효과적인 설득 수단으로 작동하지 않는다. 이는 한국 문화에서 논리와 수학이 가지는 불확정성과 상대성에 기인한다. 예컨대 한자는 상반된 의미가 동시에 내포될 수 있으며, 담론의 상황에 따라 불리한 논거를 반대 의미로 전환함으로써 논쟁 자체를 무력화하는 일이 빈번하다. 따라서 논리적 추론은 절대적 진리 탐구의 도구라기보다는 상황에 따라 유동적으로 활용되는 수단으로 인식된다.

수학적 사고 또한 동일한 맥락에서 불안정하게 작동한다. 서구에서 "이치는 시공을 초월하여 보편적으로 성립한다"는 인식이 지배적이라면, 한국의 전통적 인식 속에서는 동일한 명제가 상황에 따라 다른 결과를 산출할 수 있다. 예를 들어, 2 더하기 2는 경우에 따라 4가 되기도 하고 5가 되기도 한다. '61년'이 영어식으로는 60년을 의미하고, '사십(四十)'이 스무 살에서 백 살까지의 연령을 지칭하며, '여루(如累)'라는 개념이 3에서 3만까지를 포함할 수 있다는 사례는 이를 단적으로 보여준다.

이러한 불확정성은 일상생활 전반에 반영된다. 단위 체계만 보더라도 원산에서의 한 되가 서울에서는 세 되가 되고, 시골의 1냥은 서울에서 5냥에 해당한다. 거리 단위인 리(里) 역시 일정한 길이를 가리키기보다 "길다"와 "짧다"라는 상대적 개념으로 구분된다. 물건 거래에서도 "500문"이라 하고는 다량 구매 시 "600문이 아니면 안 된다"고 요구하는 등 수치와 규범은 고정적이지 않다. 이는 사회 전반에서 수학적 질서가 체계화되지 못하고 있음을 시사한다.

호칭 체계 역시 이러한 특성을 반영한다. 예컨대 '큰아버지' 외에도 '작은아버지'가 복수로 존재하여 아버지의 수가 넷 또는 다섯으로 인식되기도 하며, 사촌 간에도 구체적 호칭 대신 형제 관계 용어가 사용된다. 또한 이름 역시 본명, 자(字), 호(號), 사후의 시호(諡號)까지 중첩적으로 부여된다. 이는 동일한 대상에 대해 다층적 명칭이 병존하는 문화적 관습을 보여주며, 논리적·수학적 일의성(一義性)을 약화시키는 요인으로 작용한다.

따라서 교리문답적 방식에 의존하는 문학은 한국적 맥락에서 설득력을 갖기 어렵다. "2 더하기 2는 4"와 같은 형식적 논증은 이성에는 호소할 수 있으나 정서적 공감을 이끌어내지 못한다. 한국 문학은, 앞서 말한 한국적 현실을 고려했을 때, 논리적·수학적 체계의 엄밀성을 강조하기보다 단순성과 진실성을 바탕으로 사람들의 마음을 움직이고 감동을 주는 데 중점을 두어야 한다. 즉, 수학적 증명보다는 직관적 이미지와 음악적 선율을 통해 의미를 전달하는 문학적 방식이 요구된다.

(『코리안 리포지터리』 제2권 11월호(1895))

2. 한국 문학

한국 문학을 지배해온 가장 위대한 사상들 중 일부는 아득한 고대로부터 전해진 것이다. 그 시기가 정확히 언제인지는 알 수 없지만, 믿을 만한 사가들에 따르면 '단군'이라는 신인(神人), 즉 신과 인간의 성격을 함께 지닌 존재가 하늘로부터 내려와 백두산 꼭대기에 머물렀다고 한다. 그는 그곳에서 사람들에게 종교의 기초를 가르쳤다고 전해지는데, 그 연대는 중국의 요 임금 시대와 같은 B. C. 2333년으로 전해진다.

단군이 누구였는지, 무엇을 가르쳤는지는 명확히 알 수 없으나, 이 신비로운 신인의 이야기는 세월을 넘어 오늘날까지도 울려 퍼지고 있다. 많은 작가들이 단군의 이야기를 기록해왔다. A. D. 1450년경에 쓰인 조선 초기의 가장 위대한 역사서 중 하나인 『동국통감』의 첫 장은 단군의 행적을 전하고 있다. 단군에게서 비롯된 사상은 한국 사상의 최초 기원으로 여겨지며, 신이 존재한다는 사실과 그에게 아들이 있었으며, 정의가 세상을 다스려야 한다는 메시지를 세상에 일깨워준다.

단군을 기리기 위해 A. D. 1429년에 평양에 세워진 사당은 오늘날까지도 남아 있다. 또한 인천 근처의 강화도 마니산 정상에는 거대한 제단이 있는데, 그 축조 시기는 알려지지 않았지만, 단군의 위대함을 후대에 전하고 있다. 한국과 중국의 시인들과 역사가들은 그의 업적을 찬양하는 글을 남겼다.

그로부터 천 년 이상이 지난 B. C. 1122년경, 한국에 또 다른 사상의 물결이 유입되었다. 이는 동아시아 역사상 종교적 측면에서 가장 주목할 만한 시기이다. 중국에서는 문왕과 무왕이 하나님의 뜻에 따라 왕위에 올랐다고 기록되어 있다. 문왕에게는 주공이라는 이름의 동생이 있었는데, 그는 정의를 가르친 위대한 예언자이자 스승이었다. 이 일파는 은나라를 무너뜨리고 새로운 정의의 시대를 열었지만, 이들과 함께 있던 기자(箕子)는 왕조 교체에 동의하지 않고 충성심을 이유로 맹세를 거부하였다. 그는 좋은 왕이든 나쁜 왕이든 자신이 섬긴 옛 왕에게 끝까지 충성해야 한다고 여겼다.

이러한 행동은 이후 동아시아에서 모든 충신의 모범이 되었고, 오직 한 주군에게 죽을 때까지 충성을 맹세하는 전통을 확립했다. 기자의 뜻을 알게 된 새 왕은 기자가 '동방의 나라', 즉 한반도로 떠나는 것을 만류하지 않았다. 기자는 한반도 북부 지역에 정착하였다.

그는 이 민족의 마음속에 지워지지 않는 깊은 자취를 남겼고, 이후의 모든 역사에 커다란 영향을 끼쳤다. 평양에는 A. D. 1325년에 그의 숭배를 위해 세워진 사당이 지금도 남아 있다. 그의 생애와 업적을 기리는 비석이 사당 앞에 세워졌지만, A. D. 1592년 임진왜란 때 파괴되었다. 이후 셰익스피어가 세상을 떠나던 해에 새로운 비석이 세워졌고, 그 위에는 다음과 같은 글이 새겨져 있다.

"기자가 이 땅에 와서 가르침을 전하였는데, 그것은 마치 옛 중국에 복희씨가 나타나 가르침을 베푼 것과 같았다. 이것이 어찌 하나님의 뜻과 계획이 아니겠는가. 은나라가 멸망할 때 하나님께서 기자를 죽게 하지 않으신 것은, 그를 통하여 우리에게 종교를 전하고 문명의 법을 따르게 하시려는 뜻이었다. 비록 기자가 죽기를 원했더라도 그것은 허락되지 않았을 것이며, 문왕이 그를 고조선에 보내지 않으려 했더라도 결국 막을 수는 없었을 것이다."

하나님의 절대적인 주권에 대한 이와 같은 인식은 한국인의 정신에 깊이 새겨져 있으며, 이는 스코틀랜드의 장로교도들만큼이나 뿌리 깊다. 이 사상은 공자 이전 동방의 교훈과 함께 들어왔고, 그 이후로 수세기 동안 이 땅의 시인들과 사상가들에게 깊은 영향을 주었다. 그러나 그 뒤로 한동안 역사는 침묵했다. 공자와 석가가 이 세상에 살던 그 시기에, 고조선은 무엇을 하고 있었는지 알 수 없다. 시간의 많은 장이 아무런 기록 없이, 백지인 채로 넘어갔다.

B. C. 220년경, 만리장성의 고된 노역을 피해 도망친 중국인 무리들이 한반도의 동쪽에 도착해 진한이라는 나라를 세웠다. 이어서 마한과 변한이 등장하였고, 이 세 나라를 합쳐 삼한이라 불렀다. 이후로도 뚜렷한 사건 없이 세월은 흘러갔고, B. C. 58년경에는 한반도 남동쪽에 신라가 세워졌다. 얼마 지나지 않아 북쪽에는 고구려가, 남서쪽에는 백제가 세워졌다.

이렇게 삼국이 한반도를 나누어 존재하던 중, 이 땅 역사상 가장 큰 전환점이 찾아왔다. 바로 불교의 유입이었다. A. D. 372년, 불교는 북쪽의 고구려에 들어왔다. 부처가 고통과 죄의 세상을 떠나 영원한 해탈에 이르는 그 숭고한 이야기는 사람들의 마음을 깊이 감동시켰다. 한국인들은 불교를 마치 갈증을 느낀 사람이 물을 마시듯 자연스럽게, 그리고 열렬히 받아들였다. 그들이 단군과 기자로부터 전해진 위대한 사상들을 버리지 않았음에도 불구하고, 부처는 절대적인 위치를 차지하게 되었다. 전해지는 바에 따르면, 인도에서 온 흑인들이 이 종교를 전파하러 왔다고 한다. 이것은 한국이 처음으로 외래 인종을 접한 사건이었으며, 감사와 환영 속에서 이루어진 일이었다.

이들의 방문은 A. D. 400년부터 1400년까지 지속되었으며, 히말라야를 넘어온 인물 가운데 가장 주목할 만한 인물인 지공 선사는 충렬왕 재위 말기인 A. D. 1363년에 사망하였다. 인도 사람들이 한국에 온 사실을 증명하는 가장 흥미로운 유물은 신라의 옛 수도 경주 인근에 위치한 석굴암이다. 글쓴이는 언젠가 그 절을 방문하기 위해 산을 넘은 적이 있었다. 고개의 가장 높은 지점에 이르렀을 때, 동쪽으로는 동해가 펼쳐져 있었고, 그 사이에는 점점이 이어지는 작은 산등성이들이 보였다.

언덕을 조금 내려가자 석굴암이 나타났다. 좁은 입구를 지나 안으로 들어서자, 중앙에 부처가 앉아 있는 넓은 공간이 나왔고, 사방 벽에는 다양한 부조들이 새겨져 있었다. 그중 하나는 관음상이었고, 다른 조각들은 반도나 중국에서는 볼 수 없는 우아하고 기품 있는 여성들의 모습이었다. 또 어떤 조각들은 인도에서 온 방문자들을 형상화한 듯한 인물들이었는데, 낯설고 독특한 얼굴을 하고 있었다. 이들은 약 1500년 전, 부처의 가르침을 전하기 위해 이 땅을 찾은 사람들의 모습을 나타낸 것으로 보인다.

A. D. 1915년, 조선 총독이자 후에 내각총리대신이 된 인물은 이 조각들을 석고로 본떠서 만든 모형을 서울의 박물관에 전시하였다. 불교는 단순한 종교를 넘어 한국을 외부 세계와 연결해 주었으며, 예술과 산업을 들여와서 한국인을 위대한 고등 문명의 민족으로 성장시켰다.

7세기 중반에 이르러, 한국은 내부의 혼란으로 심하게 흔들리고 있었다. 삼국은 서로 싸우고 있었고, 어느 한 나라가 쉽게 승리할 기미가 보이지 않았다. 당시 중국은 당나라가 통치하고 있었으며, 신라는 이미 그들을 큰 나라로 받아들이고 있었다. 이 혼란스러운 시기, 신라의 젊은 장군 김유신은 괴로운 마음으로 산에 올라가 기도했다. 『삼국사기』(A. D. 1145년 편찬)에 따르면, 그가 금식하며 하늘과 부처에게 기도하던 중 한 천사가 나타나 앞으로 해야 할 일을 알려주었다. 천사는 당나라에 도움을 청하라고 하였고, 김유신은 곧 장안으로 가서 사신의 임무를 수행했다. 그 결과 당나라가 군사를 보내 신라를 도왔으며, 마침내 A. D. 668년에 삼국은 통일되었다.

그 결과, 국토 전체가 신라의 지배 아래 들어가면서 당나라의 보호를 받는 형식으로 정세가 변화하게 되었다.

그 사건을 기념하여 그때 세워진 오래된 탑이 공주 근처에 지금도 서 있다. 그 탑의 앞면에는 긴 비문이 새겨져 있는데, 이는 현존하는 초기 문학 유물 중 하나이다. A. D. 700년부터 900년 사이에는 사건의 기록이 담긴 책은 없지만, 이 시기는 분명히 활발한 문학 활동이 이루어진 시기였다. 이 시기에 살았던 뛰어난 불교인들을 기리는 많은 기념비들이 아직도 남아 있다. 어떤 비석들은 높이가 여덟 자, 너비가 네 자에 이르며, 이천 자가 넘는 글자가 새겨져 있어 꼼꼼하고 간결한 전기 기록이 되고 있다.

A. D. 916년에 세워진 한 비문에는 다음과 같은 내용이 있다. 신라 두 왕의 스승인 낭공대사라는 승려의 삶을 기록한 것이다. 그의 법명은 행적이며, 어머니의 이름은 설씨였다. 어느 밤 어머니는 꿈에서 한 승려를 만났는데, 그 승려는 자신이 전생부터 어머니의 아들이 되기를 바랐다고 말했다. 꿈에서 깬 후에도 어머니는 그 신비한 경험에 감동하여 남편에게 이야기했고, 곧 모든 육식을 끊고 잉태한 아이를 극진히 대하며 소중히 여겼다. 그렇게 해서 A. D. 832년 12월 30일에 아이가 태어났다.

그 아이의 모습과 행동은 평범한 사람들과 달랐다. 어릴 때부터 그는 부처님을 섬기는 일을 즐겼고, 모래로 탑을 쌓고 향료를 가져와 향을 만들었다. 어린 시절부터 스승을 찾아가 배우는 것을 좋아했고, 먹고 자는 것도 잊을 만큼 열중했다. 철이 들면서, 그는 큰 주제를 골라 글을 쓰는 것을 좋아했다. 불교의 가르침에 깊이 믿음을 가지게 되면서 세속을 떠나 종교에 몸을 바치고 부모님께 은혜를 갚고 싶다고 아버지에게 말했다. 아버지는 자신도 전생에 승려였다는 사실을 떠올리며 꿈이 이루어졌음을 깨닫고 아무런 반대 없이 기쁘게 허락했다. 그리하여 그는 머리를 깎고 검은 옷을 입고 종교인의 삶을 시작했다. 그는 지혜의 바다를 찾아 여기저기 다니면서 아름다운 사상과 믿음의 진주들을 찾았다. 낭공대사는 다른 제자들에게 말했다.

"석가모니는 진리를 찾는 일에 매우 진지했고, 안자는 무엇보다 공자에게 배우는 것을 가장 좋아했다. 나는 예전에는 이런 말들을 단순한 격언 정도로 생각했지만, 이제 나는 둘을 모두 갖춘 사람을 발견했다. 외국에서 온 뛰어난 승려들조차 그와 비교할 수 없었다."

A. D. 855년, 낭공대사는 중국 당나라 수도 장안 근처의 복춘사라는 사찰에서 출가하여 승려가 되었다. 그때부터 순례자의 배낭과 지팡이를 가지고 암자에서 수행하며 살기 시작했다. 그는 불교에 대한 수행이 깊었고, 마음속 소망을 이루기 위해 은밀한 곳으로 들어가기를 바랐다. 그는 장안을 방문했고, 황제의 생일에는 조정에서 황제를 만나기도 했다. 황제는 국가를 융성하게 하는 종교를 발전시키고 싶어 했다. 황제는 낭공대사에게 물었다.

"멀리 큰 바다를 건너온 목적이 무엇인가?"

낭공대사는 답했다.

"저는 이 위대한 당나라의 장안을 보고, 이곳에서 불교가 존중받는 것을 확인하며 큰 기쁨을 느꼈습니다. 오늘, 이 성스러운 곳의 도움 속에서 머물고 있습니다. 성현들의 발자취를 따라 제 백성에게 빛을 가져다드리고, 부처님의 흔적을 사람들의 마음에 남기고 싶습니다."

황제는 그의 말을 듣고 기뻐하며 후하게 상을 내렸다.

가을에 낭공대사는 자연의 아름다움을 그리워하며 마산의 사찰로 은거했다. 그는 사대 명산과 남해 가까이에서 지냈다. 흘러가는 시냇물은 황금 계곡의 물처럼 맑았고, 중국의 장대한 산봉우리들처럼 서로 우위를 다투었다. 위대한 불교 선승이 머물기에 알맞은 곳이었다.

다음해 A. D. 916년 2월 낭공대사는 건강이 좋지 않음을 깨달았다. 12일 아침 일찍 일어나 제자들에게 말했다.

"삶에는 정해진 한계가 있다. 나는 곧 떠난다. 진리를 잊지 말고 실천에 힘쓰라. 부지런히 정진하라."

그는 부처처럼 발을 꼬고 앉아 소파에 누운 자세로 세상을 떠났다. 향년 85세. 그는 61년 동안 진리의 길을 배우며 살았다.

그가 죽을 때 산 위에 먹구름이 드리웠고 천둥이 울렸다. 산 아래 사람들은 하늘을 올려다보며 영광의 후광을 보았다. 무지개의 빛깔이 하늘을 가득 채웠다. 그 가운데에서 황금빛 기둥처럼 솟아오르는 것을 보았다.

"대사의 마음은 늘 겸손하였고, 하늘은 그를 위해 꽃으로 장식한 누각보다 더 높은 안식처를 내리셨다. 그가 불법에 정통한 고승이었기에, 영적인 관에 실려 높은 곳으로 올라갔다. 제자들은 마치 모든 것을 잃은 듯 깊은 슬픔에 잠겼다."

그는 오랫동안 나라가 귀하게 여긴 인물이었고, 두 왕과 두 조정을 섬겼다. 그가 왕실을 굳건히 세웠기에 악령들이 나와 머리를 조아리며 귀의하였다. 그가 세상을 떠나는 모습은 마치 선녀가 하늘로 오르는 것과 같았다. 그의 지혜는 한이 없었고 영적인 통찰력은 완전하였다.

제자들은 그를 기념하는 비석을 세워 달라고 요청했고, 임금님은 이에 감사한 마음으로 이 기념비를 세웠다. 그는 특별한 이름을 내려 '낭공', 하늘의 빛이라 칭했고, 그의 탑은 '백월수운', 구름 속의 흰 달이라 불렀다.

> 그는 지혜롭고 재능 있는 선승으로,
> 바닷가 신라에서 태어났다.
> 그의 빛은 해와 달처럼 밝고,
> 그의 마음은 공간과 허공처럼 넓었다.

(이 글은 A. D. 916년, 낭공대사의 제자이자 한림원 한림, 병부령이었던 최인윤이 쓴 것이다.)

이러한 인물과 사상은 한국 문학 초기에 나라를 이끌던 사람들의 모습을 보여 준다. 승려 낭공과 같은 시대, 한국 문학의 아버지로 불리는 최치원(858-951)도 살았다. 그의 문집은 지금까지 전해지는 가장 오래된 작품들이다. 그는 무엇을 썼을까? 살펴보면, 황제와 왕, 특별한 벗들에게 보내는 축하 글, 부처님께 드리는 기도문, 도교 제사문, 자연과 가정생활에 관한 글이 많았다.

다음은 그의 작품 중 일부이다.

조수

> 눈보라나 억수 같은 폭풍처럼 너는 밀려온다.
> 천 개의 파도가 깊은 바다에서 몰려오고 간다.
> 깊게 닳은 길을 따라 항상 약속된 때에 온다.
> 너의 변함없는 모습을 보며 내 하루하루가 얼마나 낭비되는지 부끄럽다.

나는 소중한 시간을 헛되이 보내고 있다.

너의 파도가 해안에 부딪히는 소리는 우레와 같으며, 마치 구름 덮인 산들이 무너지는 것 같다.

너의 빠른 움직임을 볼 때 촉각이 바람을 타고 달리고자 했던 뜻이 떠오른다. 또 너의 당당한 위엄을 보면 잠들었던 용이 깨어난 듯하다.

제비

제비는 여름이 저물 때 떠났다가 봄이 돌아오면 다시 온다. 제비는 충실하고 진실하며, 따뜻한 산들바람이나 가을의 서늘한 비처럼 규칙적이다. 제비와 나는 오래된 친구 사이다. 나는 너에게 내 넓은 집 한구석을 내어주는 것을 기꺼이 허락했지만, 너는 여러 번 칠해진 서까래를 더럽혔지, 부끄럽지도 않으냐? 너는 매나 괴상한 새들은 바다의 섬들에 남겨두고, 개울과 햇빛 비치는 여울에 사는 왜가리나 따오기 같은 친구들에게 돌아왔다. 나는 너의 품격을 금빛 되새처럼 높게 평가하지만, 부리로 손가락 반지를 물어다 주어 나를 기쁘게 하는 일만큼은 늘 해내지 못한다.

갈매기

너는 바다의 흰 포말 위를 자유롭게 달리며 오르내리는 물결을 타고 달린다. 깃털 치마를 가볍게 털고 하늘로 솟구치는 모습은 마치 바다의 요정 같다. 위로 솟아올랐다가 아래로 미끄러지듯 내려오는 모습은 참으로 평온하고 자유롭다. 너에게는 인간이나 세속의 먼지 같은 것이 전혀 묻어 있지 않다. 너의 숙련된 비행은 분명 신선들의 거처에서 배운 것임이 틀림없다. 기름진 논밭의 유혹은 너를 끌어

당기지 못하고, 바람과 달의 정령이 너의 기쁨이 된다. 나는 장자가 꿈속에서 나비가 된 이야기를 떠올린다. 지금 너를 바라보는 이 순간, 나 또한 꿈을 꾸고 있는 듯하다.

차(茶)

오늘 장군의 신뢰받는 부하를 통해 차 한 상자를 선물로 받았다. 매우 감사한 일이다. 차는 처음에 촉(蜀)에서 재배되기 시작하여 훌륭하게 가꾸어졌고, 수(隋) 왕조(589-618) 시대에는 왕실 정원의 진귀한 식물 중 하나였다. 이때부터 찻잎을 따는 관습이 시작되었으며, 맑고 은은한 그 맛이 이때부터 알려지기 시작했다.

그 차의 특별한 맛은 섬세한 잎을 금빛 주전자에 우려낼 때 가장 잘 느낄 수 있다. 차 향기는 따라 놓은 하얀 잔 위로 향긋하게 피어오른다. 내가 존경을 표하는 조용한 하나님의 거처나 날개가 자란 높은 천사들에게 초대받지 않았다면, 어떻게 그런 하나님의 선물이 나 같은 평범한 학자에게 올 수 있었겠는가? 나는 갈증을 해소하기 위해 매화 숲을 볼 필요도 없고, 근심을 없애기 위해 원추리를 볼 필요도 없다. 진심으로 감사드리며 깊은 고마움을 표한다.

밤에
최충(A. D. 986-1068)

내가 잠에서 깨어 보니, 본 빛은 연기 없는 횃불이었다.
담장을 넘어 들어온 언덕의 그림자는 형체 없는 방문이었다.
솔잎 날개의 음악은 현이 없는 거문고에서 나오는 소리였다.
나는 보고 들었지만, 그 기쁨을 다른 사람에게 전할 수 없다.

김부식(1075-1151)은 한국의 가장 초기 역사가였다. 그가 쓴 『삼국사기』는 오늘날 가장 귀중하게 여겨지는 책 중 하나이다. 여기에는 그가 쓴 두 편의 글이 수록되어 있어 독자에게 윌리엄 정복왕 시대의 먼 옛 세상을 조금 엿볼 수 있게 해 준다. 김부식은 저명한 문인이었을 뿐만 아니라 위대한 장군이기도 했다. 그는 매우 큰 키를 가진 사람이었으며, 그 위엄 있는 체구로 세상을 압도하였다.

부처님께 드리는 왕의 기도
(김부식 지음)

"저는 마음을 다해 부처님께 기원합니다.
말로 다 헤아릴 수 없는 부처님의 자비,
입으로 다 전할 수 없는 사랑이
업장의 세계에 머무는 버림받은 영혼들에게 임하시어
그들이 고통과 비참함에서 깨어나게 하소서.
그들의 억울한 목소리가 세상에 더 이상 메아리치지 않게 하시고,
영원한 평화와 고요의 세계로 인도하소서.
만약 이 무거운 짐이 내게서 내려진다면,
저는 참된 축복을 누리리니,
지금의 괴로운 병은 기쁨으로 바뀌리이다.
우리 나라에도 부처님의 자비가 함께하여
큰 법회와 경사가 이루어지게 하소서."

울지 못하는 수탉

한 해의 끝자락이 빠르게 다가온다. 밤은 길고 낮은 짧아져서 점

점 피로가 쌓인다. 책을 읽지 않는 것은 촛불이 부족해서가 아니라, 병든 몸과 불안한 마음 때문이다. 잠을 청해 보지만 좀처럼 오지 않고, 머릿속에는 온갖 생각이 뒤엉켜 있다. 수탉은 횃대 위에서 꼼짝도 하지 않고 가만히 앉아 있다. 나는 그가 언젠가는 날개를 퍼덕이며 울 것이라 믿으며 기다린다. 결국 나는 이불을 걷어내고 몸을 일으켜 앉는다. 창틈으로 빛이 스며들고 있다. 문을 활짝 열고 밖을 내다보니, 서쪽 하늘에 별들이 조용히 빛나고 있다. 나는 아이를 불러 수탉이 왜 울지 않는지 묻는다. 혹시 죽은 건 아닌지, 아니면 누군가 잡아먹은 건 아닌지, 족제비 같은 사나운 짐승에게 해를 입은 것은 아닌지 궁금하다. 왜 눈을 꼭 감고 고개를 떨군 채 아무 소리도 내지 않는 걸까.

닭이 울 시간인데도 닭은 아직 잠들어 있다. 나는 묻는다. "하나님의 가장 근본적인 법을 어기고 있는가? 도둑을 보고도 짖지 않는 개와 쥐를 쫓지 않는 고양이는 가장 무거운 벌을 받아야 한다. 그 벌에 죽음도 가볍지 않다." 그러나 현인들은 살아 있는 생명을 함부로 해치지 말라고 가르친다. 나는 그 가르침을 따라 목숨을 살려주기로 결심했다. 다만 경고하니 반드시 뉘우치고 회개해야 한다.

이 같은 작가들 중 가장 뛰어난 인물은 이규보(1168-1241)이다. 그는 불교도가 아닌 유학자이었지만, 그의 글 곳곳에는 불교에 대한 깊은 경의와 긍정적인 태도가 담겨 있다.

그는 활기찬 상상력을 지닌 독창적인 인물이었으며, 그 뒤를 이은 어느 작가도 갖지 못한 탁월한 표현력을 지녔다.

그가 쓴 글에서 몇 가지 예를 들면 다음과 같다.

육체에 대하여

보이는 모든 것들의 창조주여, 보이지 않는 그림자 속에 숨어 있구나. 누가 그 형상을 알 수 있으랴? 내 몸을 내게 주었으나, 병마를 내게 내리는 이는 누구인가? 현자는 사물을 다스리고 활용하는 주인이지, 결코 노예가 되려 하지 않는다. 그러나 나는 내 주위를 둘러싼 조건들의 노예일 뿐이다. 원하는 대로 움직이거나 설 수도 없다. 나는 창조주에 의해 빚어졌으나, 이제 지치고 무력한 이곳에 머물러 있다. 내 몸은 네 가지 요소로 이루어졌으나, 항상 이곳에 있던 것은 아니다. 마치 구름처럼 잠시 떠올랐다가 사라진다. 어디로 가는지 알 수 없다. 안개와 어둠 속을 들여다볼 때, 보이는 것은 허무함뿐이다. 왜 나를 세상에 내보내 늙고 죽게 하였는가? 나는 이제 영원한 법칙들 속에 던져져, 그 법칙들을 받아들일 수밖에 없다. 남은 것은 그 법칙들이 나를 흔드는 대로 따르는 것뿐이다. 창조주여, 내 보잘것없는 삶이 당신께 어떤 의미가 있을까요?

파리에 대하여

나는 파리가 끊임없이 사람들 곁을 맴돌며 괴롭히는 모습을 오래전부터 싫어했다. 특히 귀 가장자리에서 내려앉아 옆에 있는 파리들과 시끄럽게 다투는 모습은 참을 수 없이 불쾌하다. 몸이 아플 때 그 작은 존재들이 내 주변에 머물면, 원래의 병보다 더 깊은 고통이 찾아오는 듯하다. 수많은 파리 떼가 떨쳐 모여 날아다니는 모습을 바라보면, 나도 모르게 하나님께 이 고통을 호소하지 않을 수 없다.

거란족과 타타르족의 침략에 맞서
드리는 고려왕과 신하의 기도
이규보 지음

우리 왕과 조정의 신하들은 향을 피우고 목욕하며 몸과 마음을 정결히 한 뒤, 고통과 비탄 속에서 머리를 숙이고 하나님과 하늘의 천사들에게 기도를 드립니다. 우리는 복과 화가 인간에게 공평하게 베풀어진다는 사실을 알고 있으며, 그것이 결국 인간 자신에게 달려 있음을 인정합니다. 우리의 악행 때문에 하나님께서 이 나라에 전쟁과 죽음을 내리셨고, 거란족이 아무런 이유 없이 우리 영토를 침범하여 변경을 유린하고 백성을 살해하고 있습니다. 그들은 점점 우리를 포위하며, 이제는 도성마저 위협하고 있습니다. 그들은 먹이를 찾아 헤매는 호랑이처럼 달려들어, 그들에 의해 유린되고 죽임을 당한 이들의 시신이 길가에 가득합니다. 우리는 스스로를 지킬 방법을 아무리 찾아도 없으며, 이 급박한 상황 앞에서 무엇을 해야 할지 알지 못합니다. 그저 무릎을 끌어안고 하늘을 올려다보며 한숨을 내쉴 뿐입니다.

거란족은 본래 우리의 은혜를 입은 자들이며, 지금까지 그들을 미워할 이유도 없었습니다. 그런데 느닷없이 그들의 사나운 기세가 물밀듯이 들이닥쳤습니다. 이것은 우연이 아니며, 오롯이 우리의 죄악 때문임을 우리는 잘 알고 있습니다. 그러나 지나간 일은 이미 지나갔고, 이제부터라도 올바르게 살고자 합니다. 다시는 죄를 짓지 않도록 해주시기를 바랍니다. 우리는 하나님께 우리 생명을 구합니다. 만일 하나님께서 이 나라를 완전히 멸하시려는 뜻이 아니시라면, 끝내 우리에게 자비를 베풀어 주시기를 간절히 기도합니다. 이 일이 우리에게 큰 교훈이 될 것이며, 우리는 이 기도를 통해 하나님 앞에 우리의 잘못을 고백합니다. 하나님, 부디 우리를 굽어 살펴 주시기를 빕니다.

초상과 화가에게

하나님이 이 몸을 내게 주셨고,
화가의 손길이 나를 이 세상으로 이끌었다.
나는 나이가 많지만, 당신 안에서 다시 살아난다.
당신을 소중한 벗으로 두게 되어 정말 기쁘다.
그는 나를, 말라버린 오래된 나무처럼 초라한 모습 그대로 받아들이고는,
앉아서 나를 새롭게 그리고 다듬어냈다.
그 그림은 분명 나를 닮았고,
내 병들고 망가진 모습은 모두 지워져 있었다.
그 깊은 결함들을 어떻게 이겨내고,
이렇게도 온전하고 흠 없는 모습으로 나를 그릴 수 있었는지 놀랍다.
어떤 잘생기고 위엄 있는 사람도
속은 짐승처럼 잔인할 수 있고,
반대로, 못생기고 누추해 보이는 사람 안에
남보다 훨씬 뛰어난 재능이 숨어 있기도 하다.
내 머리에 아무것도 씌워져 있지 않아서 정말 다행이다.
나는 지위나 권위 같은 걸 진심으로 싫어한다.
당신은 내 눈에 생각과 정신을 담아주었고,
먼지 쌓인 듯 흐릿하던 내 시선은 이제 사라졌다.
내 머리카락과 수염도 덜 하얗게 보여서
생각보다 내가 그렇게 늙지 않은 것 같기도 하다.
나는 원래 술을 좋아하는 편이지만,
그림 속 내 손엔 술잔 하나 들려 있지 않다.

당신은 아마도 내가 술에 취한 노인으로 남지 않기를 바라는 것 같다.
그래서 법과 절제를 암시하는 것일지도 모른다.
그리고 당신은 한 줄의 시까지 써줬는데,
그 시는 이 그림만큼이나 뛰어나서
내가 온전히 인정할 수밖에 없다.

천사의 편지

어느 달 어느 날, 하늘 궁전의 한 신하가 금빛 천사를 보내어 고려의 이규보에게 편지를 전했다. 편지에는 이렇게 적혀 있었다.
[소음과 혼란, 그리고 여러 어려움이 가득한 세상 속에서 지내는 당신의 건강을 묻는다. 우리는 당신을 생각하며 말로 다 할 수 없을 만큼 그리워한다. 우리도 하나님의 오른편에서 그분의 명령을 기다리고 있다.
당신은 전능하신 분의 문필관으로서 그분의 명령을 받아 기록했다. 봄이 오면 부드럽고 상쾌한 바람을 보내어 싹과 잎이 돋게 했고, 겨울에는 서리와 바람을 흩뿌려 여름의 영광을 끝맺었다. 때로는 거센 천둥과 바람, 비와 눈, 구름과 안개를 보냈다. 하나님이 땅을 위해 내린 모든 명령을 당신이 손수 기록했고, 조금도 빼놓지 않고 수행했다. 그래서 하나님도 기뻐하며 당신에게 어떻게 보답할지 생각했다.
그분이 우리에게 방법을 물었고, 우리는 이렇게 대답했다.
"그가 잠시 천상의 문필관 역할을 내려놓고, 인간 세상에 나가 위대한 학자가 되어 왕 앞에서 그의 문학적 조언자가 되어 보게 하자. 인간의 궁전에서 사람들과 함께 나라를 다스리며, 그의 존재로 세상을 밝고 행복하게 만들게 하자. 그의 이름이 널리 알려져 온 세상에 퍼지도록 하고, 그 뒤에는 다시 하늘로 돌아가 천사들 사이에서 그의 자리를 맡게 하자. 우리는 이렇게 하면 그가 그동안 충실히 해 온 많은 봉사에 걸맞은 보상을 받게 될 것이라고 생각한다."

하나님은 이 일을 기뻐하며 즉시 실행하라고 명령했다. 너에게 지금까지 듣도 보도 못한 은총과 재능을 쏟아 부었고, 위대한 인물의 기개를 입혀 주었다. 그래서 수많은 수레와 말이 너를 따르게 했다. 그는 당신을 세상에 보내어, 아침 햇살이 가장 먼저 비치는 나라에서 태어나게 하셨다. 그런데 몇 해가 지난 지금까지도 너의 지위에 대한 소식도, 이름을 떨쳤다는 말도 들리지 않았다. 놀랄 만한 일도 없었고, 위대한 책도 쓰이지 않았다. 하늘에는 아무 소식도 닿지 않았다. 우리는 그 사실이 걱정되어 직접 사자를 보내 알아보려 했고, 그때 마침 땅에서 올라온 한 사람을 만나 그에게 물을 수 있었다.

그가 대답했다. "규보라는 사람은 지금 가장 힘든 상황에 처해 있다. 명예와는 완전히 동떨어진 상태다. 그는 술에 빠져 산과 무덤을 떠돌며 시를 쓰고 있지만, 허리에는 벼슬의 증표도 없고 이마에도 관모조차 없다. 마치 연못을 잃은 용 같고, 상갓집의 개처럼 불운하고 외로운 문인이다. 그럼에도 신분이 높고 낮음을 막론하고 모두가 그의 이름을 알고 있다. 그가 너무 지나쳐서 쓰임을 받지 못한 것인지, 아니면 아무도 그를 뽑지 않은 것인지 나는 알 수 없다."

그가 말을 마치기도 전에 우리는 크게 놀라 손뼉을 치며 말했다. "그의 세상 동료들은 분명 선한 이를 미워하고 지혜로운 이를 질투하는구나. 우리는 이 점을 반드시 기억해야겠다."

그래서 우리는 들은 내용을 담아 상소문을 썼고, 하나님은 그것을 옳다고 여기셨다. 하나님은 잘못을 저지른 이들을 위해 큰 자물쇠와 열쇠를 준비하시고, 이제 일을 바로잡으려 한다. 점차 네 날개가 펼쳐지며, 발걸음은 높은 곳을 향해 나아갈 것이다. 넌 명예의 전당 깊숙이 들어가게 될 것이다. 하늘과 같지는 않지만 하나님의 심부름꾼 자리에 나아가게 된다. 네 길은 매우 영광스러울 것이다.

이제 진정으로 마음 깊은 기쁨을 마음껏 누리고, 먼지 낀 길 위 찬란한 빛을 경험하게 된다. 우리는 하늘에 있는 친구로서 네 귀환을 손꼽아 기다리고 있다. 달콤한 소리를 내야 할 네 수금에는 먼지가 쌓여 있고, 슬프게도 네가 오기를 기다리고 있다. 네 집은 조용히 네 부재를 슬퍼하며 다시 문을 활짝 열기를 바란다.

하나님은 천사들을 위해 아침 안개 속 황금빛 기름과 붉은 이슬 같은 달콤한 음식을 준비했다. 어서 인간 세상에서 맡은 임무를 완수하고 다시 하늘로 돌아와야 한다. 다만 먼저 이름과 명예, 부와 공로를 쌓아야 한다. 우리가 네게 부탁하는 것은 오직 한 가지, 부지런히 힘쓰라는 것이다. 이에 우리는 고개를 숙여 감사의 마음을 전한다.]

이 글은 상상력이 돋보이는 작품으로, 평범하지 않다. 분명히 정치적인 관점에서 자신의 불운에 대한 항의로 쓰인 것이다.

이규보는 여러 가지 주제로 글을 썼다. 그는 자연을 여러 차례 반복해서 다룬다.

다음은 그가 가족생활에 대해 쓴 시 한 편의 번역이다.

어린 딸의 죽음을 슬퍼하며

물처럼 맑고 빛나는 눈을 가진 내 작은 딸,
그토록 밝고 슬기로운 아이는 본 적이 없었네.
두 살 때는 말도 또렷하고 사랑스러웠지,
앵무새보다 더 예쁘고 분명한 목소리였네.
세 살이 되니 수줍고 조심스러워,
겉문 밖에서 살며시 머물러 겸손했네.

올해 네 살이 되어
처음으로 붓을 잡고 글을 배우기 시작했는데.
아, 이제 어린 딸이 떠나 버렸으니 어찌해야 할까?
반짝이는 빛처럼 왔다가 순식간에 사라졌네,
봄날의 작은 새싹 같았던 내 아기 비둘기,
이 불안한 둥지의 작은 평화였는데.
나는 하나님을 믿기에 담담히 기다릴 수 있지만,
어머니의 눈물은 어떻게 마를 수 있을까?
먼 들판을 바라보니
곡식의 이삭들이 자라나고 있지만,
때로는 바람과 우박이 예상치 못한 곳에서 내리치네.
한 번 맞으면 세상은 무너져 내리듯 낮아지니.
생명을 주시는 분은 하나님이고,
또 생명을 거두시는 분도 하나님이라니,
어찌 죽음과 삶이 함께 이어질 수 있을까?
이 변화들이 마치 무서운 죽음의 환영 같구나.
우리는 운명의 수레바퀴가 돌기만을 기다릴 뿐,
답은 오지 않고, 그저 지금의 우리일 뿐이네.

그가 지은 짧은 사행시 가운데 자연을 노래한 작품이다.

체리

하나님의 솜씨는 참으로 놀랍다.
그분은 단맛과 쓴맛을 이렇게나 섬세하게 섞어 놓으셨다.
그런데도 네 둥글고 아름다운 모양과
장밋빛 빛깔은 도둑 새를 유혹하고 마는구나.

시간이 지나면서 다른 문인들도 나타났는데, 그중 특히 주목받는 이가 이제현이다. 그는 이규보만큼 다양한 능력은 없지만, 표현력에서는 오히려 그를 능가한다.

그는 1314년에 젊은 사신으로 원나라의 황제가 있는 대도에 파견되었다. 그 무렵, 고려를 원나라 본토의 한 성으로 만들자는 상소가 올라왔는데, 이에 놀란 이제현은 매우 강력하고 설득력 있는 반박문을 작성했다. 그 결과 황제는 상소를 철회하고 고려의 자주권을 인정하게 되었다.

그는 원나라를 많이 여행했다. 그곳에서 쓴 글 중 하나를 소개한다.

황하 강

서쪽의 전설적인 곤륜산에서 발원한 황하 강은 웅장하게 굽이쳐 흐른다. 한나라 사신은 뗏목을 만들어 그 근원을 찾아 나섰다. 깊은 산속에서 시작된 강물은 천 리를 굽이쳐 동쪽으로 흐르며 마침내 바다에 이른다. 사신은 이 강이 하늘의 은하수처럼 넓고 길게 뻗어 있어, 하늘과 땅을 이어 주는 신비로운 흐름임을 느꼈다. 황하는 아홉 겹의 큰 원을 그리며 지평선 너머까지 뻗어 있어, 눈으로 볼 수 있는 가장 먼 곳까지 그 흐름이 이어진다.

원나라와 고려 사이에서는 마치 치열한 전쟁이 벌어지는 것 같다. 만 마리 말이 평야를 질주하는 소리가 끊임없이 울려 퍼진다. 큰 군대가 비스듬히 밀려오듯 계속해서 전진하고, 들판과 초원이 물결치듯 넘실거리면 사람들은 두려움에 얼굴빛이 창백해진다. 산을 넘는 고개를 지나 동쪽으로 나아가는 길이 열리고, 칼날이 세차게 내리치는 듯한 우레 같은 소리와 함께 병사들은 힘차게 바다를 향해 진격하고 있다.

　어릴 적 나는 깊은 바다에서 놀며, 꾸며낸 이야기 속에 나오는 모니를 타고 바다를 달려보고 싶어 하곤 했다. 이제 나는 이 서쪽 강의 물을 마시고 싶다는 생각이 든다. 이 강물은, 내 갈증 난 영혼을 부르는 몽환의 신비한 호수들처럼, 더없이 아름답게 보인다. 나는 이 강의 모래 얕은 곳에서 배를 띄우고 조용히 떠나고 싶다. 높은 곳에 앉아 강을 바라보면, 내 영혼과 정신은 경외감으로 압도된다. 물비린내 섞인 바람이 내 놀란 시선을 스치고, 거대한 물결은 성벽처럼 높이 일어선다. 멀리 보이는 돛대들은 산봉우리와 어깨를 나란히 하고, 뱃사람은 큰 소리로 외치고, 굳게 다문 턱을 따라 땀이 또렷이 흘러내린다.

　비록 해는 멀리 어두워져 가지만, 그는 아직 부드러운 평원의 마을에 닿기 전에 가야만 한다.

　나는 진(秦)나라 사람들과 결판을 내기 위해 그의 배에 불을 지른 맹명시도 아니고, 끓어오르는 강물에 보석을 던진 사람도 아니다. 그럼에도 나는 그들처럼 강인한 의지를 가진 이들을 좋아하며, 오랫동안 이 위엄 있는 강을 보고 싶어 마음을 갈망해왔다. 만약 이 강가에 서 있는 쇠로 된 황소가 영혼이 깨어난다면, 나 같은 사람을 보고 웃으며 말할 것이다. "무엇 때문에 바람과 비바람, 그리고 온갖 위험을 무릅쓰면서 여기까지 왔느냐?"

이제현이 세상을 떠나기 전에, A. D. 1328년에 태어나 1396년에 세상을 떠난 이색이라는 인물이 고려의 지식인 사회에 등장했다. 그는 고려에서 가장 위대한 문인으로 평가받지만, 필자가 그의 작품을 살펴본 결과 그 평가에 반드시 동의하기는 어렵다. 그는 매우 다작한 인물로, 그의 문집은 약 50권에 이르며 30달러 이하로는 구하기 어렵다. 그러나 그의 글에서는 독창성 측면에서는 다소 부족해 보인다. 유교 문장법에 있어서는 뛰어난 대가로서, 그런 면에서 그의 작품은 흠잡을 데가 없다.

다음에 제시된 짧은 번역문은 그의 사상을 전달하는 데 그치며, 한문 원문이 지닌 진정한 표현력은 충분히 드러나 있지 않다.

자신을 돌아보며

내 몸은 작고 허약해서 지나가는 사람들이 나를 그저 꼽추처럼 여긴다. 내 눈은 잘 보이지 않고, 귀도 둔해서 누군가 말을 하면 누군지 살피느라 조심스럽게 두리번거린다. 마치 분주한 시장에서 겁먹은 사슴 같다.

설령 누군가 내 친구가 되어도 곧 마음을 바꾸고 나를 떠날 것이다. 내가 진심을 다해 고마움을 표현해도 그는 오히려 더 빨리 달아난다. 그렇게 내 우정은 끝난다.

내 얼굴이 빛나고 입술이 달콤한 말을 해도 내 진심을 전해도, 나는 남쪽 땅에 있는 북쪽 수레와 같다. 누가 내 화살촉을 맞추고 내 화살에 날개를 달아 줄까? 누가 내 슬픔을 위로하고 내 이야기를 들어 줄까?

한때 사랑하고 믿었던 친구들은 알 수 없는 깊은 곳으로 사라져버렸다. 마치 저녁 안개 속에 숨은 나무들처럼 보이지 않는다. 나를 돌아보면, 나는 소의 등에 붙은 한 올의 머리카락처럼 외롭다. 누가 내 편에서 고마운 말을 해 줄까?

내가 어디서 잘못했거나 바른 길에서 벗어난 적이 있는가? 나의 바람과 소망은 진리를 향해 굳건하다.

내 행동이 더럽거나 비열하거나 속임수가 섞였는가? 나는 정직

하고 바른 사람인데 왜 의심받고 무시당하는가? 나는 모든 사람에게 올바른 길을 알려주고, 진리로 나아가도록 돕고 싶다. 왜 내 배움은 무시당하는가? 나는 공부에 최선을 다한다. 내 잘못은 어디 있는가? 내가 하지 못한 일은 무엇인가? 나는 올바름의 기준을 확고히 지키고 있다.

나의 실패와 허물, 그리고 완전한 성공을 이루지 못한 것은 내가 단 하나 가졌던 소망, 즉 선이 지배하기를 바랐기 때문이다. 나는 실패했을지 모르나 그 정도조차 알지 못한다. 그러나 야만적인 존재로서 이름이 손가락으로 꼽힐 뿐인, 마치 도둑 두목 같은 자에게서 성공을 기대하는 것은 어리석은 일이다.

내 잘못이 아니라, 비판하는 사람들 잘못이다. 그들이 바뀌어야 한다. 나를 완전히 아시는 하나님은 나를 깨끗하게 볼 것이다. 법이 요구하는 모든 것을 지켰다. 누구든 자신의 잘못을 인정하면 과거는 사라진다. 내가 옳다고 자랑하는 게 무슨 의미가 있겠나? 비난하고 무시해도 상관없다. 다만 내가 어둠의 도구가 되지 않도록 행동하면 된다. 하나님의 법을 지키는 것이 내 삶의 전부다.

일본과 일본인
(A. D. 1377년 정몽주가 특별 사절로 떠날 때 기록한 글)

동쪽 먼 곳에 자신만의 자부심을 가진 왕이 있다. 그는 자신이 두른 허리띠를 정의라 하고, 입은 옷을 고상한 광채라 여긴다. 겉모습은 엄격하지만 말씨는 온화하다. 세상을 굽어보며 차분함을 잃지 않고, 어떤 어려움도 꿋꿋이 견딘다. 그는 이 짧은 생을 대수롭지 않게 여기며, 죽음을 영예로 여긴다. 그와 맞설 수 있는 사람은 아무도 없다. 그의 땅은 고대 주나라처럼 호전적이다. 그의 위엄은 사람의 머리카락을 곧게 세우거나 영혼이 깜짝 놀라게 만들 정도이다. 어려움이 닥쳐도 다른 사람의 동정은 받지 않는다. 단 한 번의 눈짓만으로도 앙갚음을 한다. 아버지, 형제, 아들조차 그의 뜻을 거슬러서는 안 되며, 아내와 딸들은 그의 눈에는 노예와 다름없다. 개나 돼지보다 못하게 여긴다. 그의 생각은 명예에 집중되어 있다. 명예를 잃느니 차라리 죽음을 택하며, 모든 일과 사람을 자기 뜻과 명예에 맞게 다스린다. 그는 백성을 단련되고 강인한 민족으로 만들려 한다. 그들이 그렇게 생각한다 해도 비난할 이유는 없다. 모든 것은 본래 변화하게 마련이고, 변화는 하루아침에도 일어난다. 그러면 그의 세상이 한결 부드러운 습성을 가지게 될지 알 수 있다.

하지만 안타깝게도 우리 고려 사람들은 변화를 알지 못했다. 일본의 배와 수레는 어디든 다니지만, 글을 쓴 나 자신은 집 문턱을 넘어본 적이 없다. 일본은 '해가 뜨는 나라'로, 요정의 세계와 연결되어 있다.

생명과 성장이 모든 곳에 넘쳐난다. 평야를 비추는 태양은 세상을 찬란하게 밝힌다. 그런데 어찌 악한 마음을 가진 사람들이 이런 땅에서 일어나 지나가는 이들을 미친개처럼 공격하는가. 그들의 악명은 온 세상에 퍼졌고, 사람들은 모두 그들을 싫어한다. 사려 깊고 학식 있는 선비들은 이 동방 국가를 보며 깊은 절망을 느낀다. 결국 온 세상은 전쟁으로 들썩이게 될 것이다. 그때 우리의 운명은 어떠할까. 중국의 초(楚)나라는 작은 실책으로 큰 결과를 맞이했고, 결국 그 영향이 나라 전체에 미쳤다. 지금 우리는 일본과 우호 관계를 맺고 있지만, 진심이 없다면 관계는 오래가지 못한다. 그들이 꾸미는 것은 모두 속임수다. 당신은 영적인 안목을 가진 사람으로서 중대한 임무를 맡았다. 권한을 충분히 가지고 앞으로 나아가라. 먹는 것과 마음가짐을 조심하며, 몸을 건강하게 유지하고 맡은 일을 성실히 수행하라. 마음속 모든 이야기를 글로 다 옮기진 못했지만, 표현하지 못한 생각들이 계속 마음속에 맴돈다.

그 시절 한국인들은 일본인을 영국인이 프랑스인을 대하듯 바라보았다. 겉으로는 매우 경멸하는 태도를 보였지만, 그 안에는 깊은 존경심도 함께 있었다. 그것은 예전부터 그래왔고, 오늘날에도 마찬가지다. 한국인들은 이전과는 비교할 수 없을 만큼 생명과 재산의 안전을 누리고 있으며, 스스로 만들 수 없었던 기회의 문이 그들에게 열려 있다. 앞으로도 그들은 일본 제국의 존경받는 일원이 될 뿐만 아니라, 이 위대한 나라에 독창적인 기여를 할 가능성을 보여주고 있다.

정몽주는 1377년 일본에 사신으로 다녀온 인물로, 한국의 대표적인 문인 중 한 명으로 평가받고 있다. 그는 충신의 모범이기도 한데, 1392년에 새 왕조에 충성을 맹세하기를 거부하여 죽게 되었다. 그가 순절한 송도 선죽교 돌다리에는 지금도 그의 혈흔이 진심을 담아 전해지고 있다. 동양의 황금률인 '한 주인만 섬기라'는 원칙을 평생 지켰다는 점이 그의 글을 더욱 가치 있게 만든다. 또한 그는 왕의 명을 받아 여러 차례 난징에 다녀왔으며, 한 번은 가는 길에 배가 난파되기도 했다. 중국과 일본 양국 모두에서 그는 뛰어난 문장가로 인정받고 있다.

난징에서
정몽주 지음

1386년 4월, 나는 왕의 사명을 받고 난징의 의정전에 있었다. 23일, 황제께서 신묘문에 앉아 계신 자리에서 궁중 하녀를 보내 나를 부르게 하셨다. 나는 나아가 황제와 직접 마주하고 이야기를 나누었다. 황제의 말씀이 매우 은혜로웠다. 황제께서는 고려에서 보내는 연례 조공, 즉 금·은·말·면직물 등을 모두 면제하라고 명령하셨다.

이에 크게 감동하여 나는 다음과 같은 시를 남겼다.

"정오에 궁중 하녀가 황제의 명령을 전해 나를 용상 앞에 부르게 하였다. 황제의 은혜로운 말씀을 들으며 하나님이 가까이 있는 듯한 느낌을 받았다. 황제의 한없는 은혜가 바다 너머까지 미친다. 기쁨에 겨워 눈에 눈물이 고였음을 깨닫지 못했다. 다만 황제가 오래 사시길 바란다. 이곳 송나라 땅은 번영하리라. 송나라 백성들은 밭을 갈고 우물을 파며 평화로운 노래를 부른다."

일본에서
정몽주 지음
(A. D. 1377)

깊은 바다 위 이 섬들은 천 년 동안 자리를 지켜왔다.
나는 뗏목을 타고 이곳에 왔고, 오래 머무르고 있다.
산속에서 온 스님들이 노래를 청하고,
이곳의 주인도 하루를 즐겁게 보내라며 술을 권한다.
우리가 서로 친구가 되어 다정하게 지낼 수 있어 참 기쁘다.
민족이 다르다고 해서 마음이 옹졸하거나 질투해서는 안 된다.
누가 이국땅에서 행복하지 않다고 말할 수 있을까?
매일 우리는 가마를 타고 매화가 핀 곳을 구경하러 나간다.

뗏목은 장건이 로마와 은하수까지 갔다고 전해지는 이동 수단을 가리킨다. 다음 세기인 15세기에는 더 많은 작가들이 나타나는데, 역사학자들도 포함된다. 그중에는 『동국통감』을 쓴 서거정(1420-

1488)이 있는데, 이 책은 한국의 초기 역사를 가장 잘 기록한 역사서이다. 그는 이 책 전반에 걸쳐 단순한 미신과 역사에 기록할 사실을 분명하게 구분하는 합리적인 면모를 보여 준다.

다만 그 당시에는 미신이 만연한 시기이기도 했는데, 서거정과 동시대 인물인 성현(1439-1504)은 다음과 같은 이야기를 끊임없이 썼다.

무녀에 관한 기묘한 이야기

홍 판서는 길을 가던 중 비를 만나 샛길로 들어섰다가 어느 집을 발견하였다. 그 안에는 열여덟 살쯤 되어 보이는 무녀 한 명이 있었다. 그녀는 매우 아름다웠고 품위도 있어 보였다.

홍 판서는 이렇게 외진 곳에 왜 혼자 있느냐고 물었다. 그러자 그녀는 "셋이 함께 지내고 있는데, 두 사람은 마실 것을 구하러 고을 안으로 갔어요"라고 대답했다.

홍 판서는 감언이설로 무녀를 꾀며, 자신에게 몸을 맡기면 훗날 첩으로 삼아주겠다고 약속했다. 무녀는 그 말을 순진하게 믿고 그날만을 기다렸지만, 그는 끝내 나타나지 않았다. 소식 하나 없이 세월만 흘러갔고, 그녀는 병이 들어 끝내 세상을 떠났다.

훗날 홍 판서는 경상도의 관찰사로 부임하였다. 어느 날, 그는 방 안에서 도마뱀이 뛰어와 이불 위를 가로지르는 것을 보았다. 그는 자신을 보좌하던 관리에게 그것을 밖으로 내보내라고 지시했고, 그 관리는 도마뱀을 내보내는 데 그치지 않고 죽이기까지 했다. 다음 날, 방 안에 뱀 한 마리가 몰래 기어 들어왔다. 그는 그 뱀도 죽였으나, 그 다음 날 또 다른 뱀이 나타났다.

관찰사는 뱀이 계속해서 나타나는 상황을 살펴보며 무녀를 떠올렸다. 그러나 그는 자신이 가진 권력과 지위가 이런 사소한 재앙들로부터 자신을 지켜줄 것이라 믿었기에, 뱀들이 나타날 때마다 죽이라고 명령했다. 뱀들은 날마다 나타났고, 시간이 흐를수록 점점 몸집이 커지고 더욱 사나운 모습으로 변했다. 결국에는 거대한 구렁이들이 몰려들기 시작했다. 관찰사는 군사들에게 칼과 창을 들려 뱀들을 막게 했지만, 뱀들은 어떻게든 뚫고 들어왔다. 군사들은 칼로 뱀들을 베어 불에 던져 죽였지만, 오히려 뱀들의 수는 늘어나고 몸집도 커졌다. 뱀을 달래려는 마음으로 관찰사는 뱀 한 마리를 잡아 항아리에 넣어 밤에는 그 뱀이 자유롭게 그의 침대 위를 기어다니게 했고, 아침이 되면 다시 항아리에 넣어 원래 있던 곳에 두었다. 그가 마을을 돌아다니거나 여행을 갈 때도 항아리에 든 뱀을 늘 사람에게 들고 다니게 했다. 점점 이런 부담에 관찰사의 정신은 약해졌고, 몸도 야위어 갔다. 얼마 지나지 않아 그는 결국 세상을 떠났다.

이 미신적인 생각의 흐름은 동아시아 문헌 전반에 걸쳐 나타나며 오늘날 이 민족의 사고방식에 크게 영향을 미치고 있다. 그러나 현대 사상을 지배하는 이성의 법칙이 신문과 현대 서적을 통해 점점 더 큰 영향을 끼치고 있어, 이 낡은 미신은 결국 사라질 것이다. 우리는 그 중에서 환상적인 부분은 여전히 보고 싶지만, 뱀과 악령 같은 어두운 존재들은 이제 떠나야 할 것이다.

시간이 지나면서 고려가 A. D. 1392년에 불교의 폐단으로 인해 멸망했다는 소문이 굳어졌다. 이에 유교가 점점 더 국교로 자리 잡았고, 유학자들은 그 성스러운 경전을 가르치고 해석하는 학자이자 엄격히 준수하는 사람들이 되었다. 그들 중 많은 이들은 글자에만 얽매인 사람들이었지만, 일부는 경건한 믿음을 지니고 있었으며 대체로 매우 매력적인 인물들이었다. 그중 한 명인 이이, 흔히 율곡이라 불리는 그는 A. D. 1536년에 태어나 1584년에 세상을 떠났다. 그의 이름은 오늘날 공자 사당 동쪽 편 제52위에 배향되어 있으며, 지금도 많은 이들에게 깊은 존경을 받고 있다.

꽃바위 정자에서
이이 지음

가을이 산속 내 집에 찾아왔다. 쓰고 싶은 것이 얼마나 많은지 모른다. 하늘에서 흘러내려온 강은 길게 줄지어 우리 곁을 지나간다. 서리 맞은 붉은 잎들은 해를 향해 고개를 든다. 산들은 외로운 달의 둥근 얼굴에 입맞춘다. 시냇물은 천 리 밖에서 불어온 바람을 잡아챈다. 기러기들은 어째서 북쪽으로 가는 걸까. 그 울음소리는 저녁 구름 속에 사라져간다.

하나님의 길
이이 지음

하나님의 길은 알기 어렵고 설명하기도 어렵다.
태양과 달은 하늘에 고정되어 있고, 낮과 밤은 길거나 짧게 흘러간다. 이렇게 만든 이가 누구일까?
때로는 태양과 달이 함께 하늘에 나타나고, 또 어떤 때에는 일식이나 월식으로 사라지거나 가늘어진다. 그 까닭은 무엇인가?
다섯 개의 별은 하늘의 날줄을 따라 지나가고, 다른 별들은 씨줄의 날개를 타고 휘돌아 돈다. 어째서 그런지 확실히 말할 수 있는가?
길한 별은 언제 나타나고, 불길하고 기이한 혜성은 또 언제 떠오르는가? 어떤 이들은 창조의 혼이 나가 별들을 이루었다고 말하지만, 그에 대한 확실한 증거가 있는가?

바람이 일면 그것은 어디서 오는 것이며, 또 어디로 가는가? 때로는 불어도 나뭇가지조차 흔들리지 않지만, 때로는 나무를 뿌리째 뽑고 집을 날려버리기도 한다. 순한 처녀 바람이 있는가 하면, 사납고 거센 태풍도 있다.

이 둘은 어떤 법칙에 따라 움직이는가? 구름은 어디서 생겨나며, 어떻게 다섯 가지 본래 색으로 흩어지는가? 어떤 법칙을 따르는가? 연기처럼 보이지만 연기가 아니고, 쌓여 있기도 하고 빠르게 흘러가기도 한다. 그 원인은 과연 무엇인가?

안개는 왜 피어오르는 걸까? 때로는 붉게 물들고, 때로는 푸르게 빛난다. 이런 색깔이 무슨 의미를 가진 걸까? 짙은 누런 안개가 사방을 가득 덮을 때도 있고, 한낮의 태양마저 가릴 정도로 짙게 드리워지기도 한다.

천둥과 번개를 누가 다스리는 걸까? 번쩍이는 빛과 땅을 울리는 굉음은 무슨 뜻일까? 때로는 사람을 죽음에 이르게 하기도 한다. 이런 현상들을 움직이는 법칙은 무엇일까?

서리는 연약한 잎들을 시들게 하지만, 이슬은 다시 모든 것을 신선하고 푸르게 만든다. 이 둘은 어떤 원리로 움직이는 걸까?

구름은 비를 내리기도 하지만, 때로는 먹구름이면서도 비 한 방울 내리지 않고 지나가기도 한다. 왜 그런 차이가 생기는 걸까? 옛날 신농 시대에는 백성들이 비를 원할 때 비가 내렸고, 그 소원이 이루어지면 비가 멈췄다고 한다. 특히 고대부터 전해져 내려오는 이상적이고 조화로운, 평화롭던 시기에는 비가 꼭 서른여섯 번만 내렸다고 하는데, 이는 하늘이 그 시대 사람들에게 특별히 은혜를 베풀었기 때문일까?

군사들이 정의를 위해 일어설 때에도 비가 내리고, 억울하게 갇힌

죄인이 풀려날 때에도 비가 내린다고 한다. 이것은 무슨 까닭일까? 꽃은 다섯 장의 꽃잎을 가지지만, 눈송이는 여섯 갈래다. 누가 이런 이치를 정한 걸까?

우박은 서리도 눈도 아니다. 어떤 힘이 그것을 얼게 만든 걸까? 우박알 중에는 말 머리만 한 것도 있고, 닭의 알만 한 것도 있다. 때로는 사람과 가축에게 큰 피해를 주기도 한다. 이런 일이 언제 일어나는 걸까? 하나님께서 각각의 자연 현상에 역할과 영역을 정해 주신 것일까?

비와 눈이 서로 뒤엉켜 내리는 때도 있다. 이것은 자연에 무슨 문제가 있는 건가, 아니면 인간의 행동 때문일까?

그렇다면 우리는 어떻게 해야 일식과 월식을 막고 별들이 제자리에서 빛나게 할 수 있을까? 천둥이 세상을 놀라게 하지 않게 하고, 여름에 서리가 내리지 않게 하며, 눈과 우박이 고통을 주지 않게 하려면 어떻게 해야 할까? 태풍과 홍수가 일어나지 않고, 자연이 순조롭게 조화를 이루게 하려면 어떻게 해야 할까? 하늘과 땅이 서로 어울려 인류에게 복을 주는 세상이 되려면 어떤 진리를 따라야 할까?

깊이 공부한 모든 문인들이여, 그중 누군가는 답을 알고 있을 거라 생각하오. 부디 마음을 열어 내게 알려주오.

문학적 재능이 부유한 계층에만 국한되지 않았음을 보여주는 사례는 많다. 가장 낮은 사회적 지위에서 출발해 문단에서 빛을 발한 작가들이 있었기 때문이다. 그중 한 사람인 송익필은 A. D. 1534년에 노비의 아들로 태어나 1599년에 세상을 떠났다. 그의 작품은 1762년에 다시 간행되었으며, 오늘날에도 한국의 가장 뛰어나고 성스러운 문헌 중 하나로 평가받고 있다.

만족에 대하여
송익필 지음

어째서 착한 사람은 언제나 충분히 가진 듯하고, 악한 사람은 늘 부족한 걸까? 그 이유는 착한 이는 내가 부족한 것을 오히려 귀하게 여기며, 있는 것에 만족하기 때문이다.

하지만 걱정은 가난과 함께 오고, 늘 걱정하는 영혼은 언제나 가난하다. 내게 주어진 것을 좋다고 여기고 그것이 최선이라 믿는다면, 무엇이 부족하겠는가?

전능하신 하나님을 원망하고, 이어 사람들까지 원망한다면, 그것은 곧 내 부족함을 슬퍼하는 것이다.

내가 오직 내게 있는 것만을 바라면 결코 가난하지 않다.

그러나 없는 것을 탐하면, 어찌 만족을 얻을 수 있겠는가?

물 한 잔도 때로는 마음을 채우고 만족하게 한다.

반면 수천 냥을 들여 진수성찬을 차려도 영혼은 여전히 공허할 수 있다.

예로부터 진정한 기쁨은 만족하는 마음에서 비롯되었고,

삶의 모든 고통은 이기심과 탐욕에서 나왔다.

진시황의 아들은 맹회궁에 살면서 "내 평생이 너무 짧구나" 하고 한탄했고, 그래서 근심이 그에게 따랐다.

당나라 한 황제는 마음이 허전해서, 아직 알지 못한 사랑의 상대를 알아보기 위해 제비를 뽑으라는 말을 들었다. 그러나 우리는 가진 것만 바라볼 줄 아는 가장 가난한 사람들조차 얼마나 풍요로운가. 더 많은 것을 바라다보는 왕과 왕자는 얼마나 가난한가. 반면, 가진 것이 적은 사람은 가장 부유할 수도 있다. 부와 가난은 외부에 있는 것이 아니라 마음속에 있다.

나는 이제 일흔이 되었고, 내 집에는 가진 것이 아무것도 없다.

그래서 사람들은 나를 가리켜 "가난하다"라고 말한다.

그러나 아침 햇살이 산꼭대기를 비추는 광경을 바라보며, 내 영혼은 가장 귀한 보물을 얻은 듯 만족한다. 저녁이 되어 둥근 달이 세상을 밝히고 물 위에 비치는 것을 볼 때, 내 눈은 얼마나 풍요로운가!

봄에는 매화가 피고, 가을에는 국화가 핀다. 지는 꽃이 오는 꽃을 부르고, 그 속에서 나는 깊은 기쁨을 느낀다.

성스러운 책 속에서도 나는 깊은 즐거움을 얻고, 세상을 떠난 위인들과 마음을 나눌 때, 얼마나 풍요로운가.

물론 나의 덕은 보잘것없지만, 흰 머리를 보며 살아온 세월을 돌아볼 때 내 인생이 얼마나 풍성한가.

내 삶은 날마다 끊이지 않는 기쁨으로 이어졌고, 나는 이 모든 것을 이미 가진 셈이다. 이 모든 것이 얼마나 값지고 만족스러운가.

나는 고개를 들어 위를 보고, 몸을 굽혀 아래를 본다.

그 자체가 기쁨이며, 하나님의 은혜는 얼마나 풍요로운가.

내 영혼은 지금 만족한다.

셰익스피어가 활동하던 16세기 말은 영국 문학의 전성기였으며, 한국 역시 문학이 활발하게 꽃피던 시기였다. 그러나 1592년 임진왜란이라는 대규모 전쟁이 조선을 강타하면서 오랜 평화는 깨졌고, 이후 세대의 문인들은 그 참혹한 전쟁의 기억을 작품 속에 깊이 새겼다.

김만중은 셰익스피어가 세상을 떠난 다음 해인 1617년에 태어났으며, 대표작으로 『구운몽』을 남겼다. 그는 어린 시절 임진왜란의 현장을 직접 경험하지는 못했지만, 부모 세대가 겪은 고통과 상처를 가까이에서 들었다. 또한 김만중이 열아홉 살이던 해에는 청나라가 침

입해 조선에 굴욕적인 조약을 강요했던 병자호란이 일어났다. 서울 근처 한강 부근에는 한쪽 면에는 한자로, 다른 한쪽 면에는 만주 문자로 조선이 청나라의 지배 아래 있었음을 기록한 삼전도비가 세워졌는데, 이 비석은 1894년 젊은 애국자들에 의해 쓰러져 지금도 엎어진 채 남아 있다.

17세기는 마치 파괴의 기운이 사회 전반을 휘감은 듯한 시기였다. 네 당파의 정치 세력은 단순한 말싸움이 아니라 칼과 독약을 사용해 치열하게 다투었고, 김만중 시대 최고의 문인 송시열은 82세의 나이에 사약을 받고 세상을 떠났다. 이 시기는 영국의 사무엘 페피스가 활동하던 시기이기도 하며, 런던에선 흑사병과 대화재가 연이어 발생했다. 이처럼 혼란과 시련의 기운은 동아시아에도 깊이 드리워져 있었다.

다음은 그 시절의 흔적이 짧은 시들 속에 그대로 전해진다.

탐욕
수광(秀光) 지음
(A. D. 1563-1628)

머리와 손으로 바쁘게 일하며
드디어 산처럼 쌓인 보물을 모았다.
하지만 죽을 때가 되니
그걸 어떻게 옮겨야 할지 고민뿐이다.
내가 남기는 것은 결국 끝없는 탐욕뿐이구나.

유혹
김창협 지음
(A. D. 1651-1708)

수많은 유혹이 영혼을 에워싸니,
길을 잃지 않을 자, 과연 누구랴.
운명의 나무, 도끼에 깊이 베이더라도
그 뿌리는 다시금 새싹을 틔우네.
이른 아침 햇살 아래 깨어나 벗이여,
너의 영혼을 스스로 시험해 보라.

인목대비는 이 시대를 대표하는 여성 문학가 중 한 사람이다. 왕자의 비극적인 운명을 안고 유폐된 삶을 살면서 검은 한지 위에 은빛 먹물로 『아미타경』을 정성껏 필사했다.

이 귀한 필사본은 금강산 유점사에 특별한 보물로 보존되어 있다. 나는 1917년 10월 그곳을 방문해 직접 필사본을 확인할 수 있었다.

다음은 인목대비가 남긴 시 중 한 편이다.

지친 일꾼
인목대비 지음
(약 A. D. 1608년경)

수년간 고된 노동에 지쳐 늙은 소는
목덜미가 쓸리고 살갗이 닳아 구멍이 났다.
이제 쟁기는 놓였고 밭고르기도 끝난 뒤,

봄비가 부드럽게 내리는데
그럼에도 주인은 채찍을 놓지 않고
소에게 아픔을 더한다.

송시
윤청 지음
(A. D. 1629-1715)

내가 삶에서 할 수 있는 일은 많지 않기에,
모든 것을 하나님께 맡기고 조용히 내 길을 간다.
고사리와 온갖 식물이 산을 짙푸르게 덮었는데,
내가 굳이 땅을 파고 밭을 일굴 까닭이 있을까?
들삼과 덩굴식물이 길을 가득 감쌌으니,
담장이나 울타리가 무슨 소용 있으랴?
바람은 한 번도 약속한 적 없지만
언제나 빠짐없이 불어와 나를 위로하고,
달은 형제라 맹세한 적 없지만
밤마다 어김없이 내 길을 비춰준다.
세상 근심을 들고 와 내 귀를 시끄럽게 하려는 자가 있다면,
그에게 내 소식도, 내가 어디 있는지도 말하지 말라.
나는 나만의 고요한 공간 안에 앉아,
존경받고 사랑받으며 영화로웠던 옛사람들을 떠올린다.

김만중 시대 이후로 많은 유명 작가들이 있었고, 문학은 꾸준히 큰 영향을 끼쳐 왔다. 그러나 1894년에 갑오개혁을 주도한 새 정부가 과거 시험 제도를 폐지하게 되면서 고전 문학 공부를 이어갈 모든 동기가 사라졌고, 옛 교육 체계도 없어졌다. 이 칙령이 발표된 지 23

년이 지났다. 당시 적절한 교육을 받으려면 최소 22~23세 정도는 되어야 했기 때문에, 오늘날 45세 이하의 훌륭한 고전 학자는 거의 찾아보기 어렵다.

이 치명적인 칙령으로 인해 한국의 전통 문학은 사실상 단절되었고, 그 비극적인 현실은 다음과 같은 모습에서 드러난다. 한학의 대가였던 아버지는 이름난 학자였지만, 그의 아들이 도쿄대학을 졸업한 유명 인사라 해도 이제는 아버지가 남긴 글을 읽지 못한다. 이는 국내 대학을 졸업한 이가 헤로도토스나 리비우스를 원문으로 읽지 못하는 것과 같다. 반대로, 학식이 깊은 아버지 역시 아들이 공부하는 책을 이해하지 못하는데, 이는 인도 산속 은둔자가 현대 신문을 읽는 것만큼이나 어려운 일이다. 그렇게 부자는 나란히 앉아 있지만, 천 년의 세월이 가로막고 있는 듯한 깊은 간극에 서로를 이해하지 못한 채 마주하고 있는 모습은 실로 안타깝기 그지없다. 그럼에도 불구하고, 옛 조선의 시문과 문학적 기록들, 고전문학 작품, 비문, 전기, 제문, 이야기, 설화 등은 여전히 남아 있으며, 오랜 세월 동안 품격 있는 문화를 이룩해온 한민족의 교양 있고 아름다운 문명을 증명해 줄 것이다.

(『오픈 코트』 제32권 (1918))

3. 소설

　상상력은 모든 나라와 문화에 공통으로 존재하는 정신의 영역이다. 이 세계는 즐겁기도 하고 때로는 두려우며, 그 안에는 만나서 이야기를 나누고 함께하는 것만으로도 즐거운 사람들이 살기도 하고, 생각만 해도 끔찍한 괴물들이 모습을 드러내기도 한다. 예를 들어, 찰스 디킨스의 『골동품 상점』에 등장하는 악한 퀼프, 로버트 루이스 스티븐슨의 『지킬 박사와 하이드 씨』 속 지킬 박사의 또 다른 악한 자아인 하이드, 그리고 빅토르 위고의 『노트르담의 꼽추』에 나오는 기형적인 외모의 종지기 콰지모도 같은 기괴하거나 인상적인 인물들이 있다. 때로는 천사, 요정, 왕과 왕비, 공주들이 살기도 한다. 사람의 마음이 얼마나 풍부한가에 따라 상상력도 활발해진다. 타고난 재능도 분명 역할을 하지만, 경험과 문화가 바로 상상력을 이루는 재료가 된다. 소설의 세계는 특히 마음의 힘을 고스란히 드러낸다. 이야기책의 장을 따라가다 보면 우리는 작가의 상상 속을 함께 거닐며, 그 안에서 작은 일이나 큰일을 그가 볼 수 있는 눈으로 바라보게 된다. 사람마다 마음이 다르기에 상상하는 세계도 크게 다르다. 예를 들어, 어떤 이에게 아놀드 베넷의 상상 세계는 별것 아닌 듯 보이지만, 샬롯 브론테가 만든 강하고 아름다운 영혼이 그린 세계는 전혀 다르다. 우리 눈앞의 실제 세계보다 훨씬 큰 이 상상의 세계는 마법사의 손길처럼 놀라운 모습으로 펼쳐질 수 있다. 소설은 바로 이 상상의 세계가 활약하는 무대이며, 소설을 통해 우리는 한 나라의 정신적, 사회적, 도덕적 수준을 쉽게 가늠할 수 있다.

　이를 염두에 두고 잠시 한국 소설을 살펴보자. 몇 해 전만 해도 한국에서는 회색빛 얇은 종이에 한글로, 여성 독자들을 위해 특별히 쓴 약 스물다섯 편의 이야기를 인쇄하곤 했다. 이 책들은 서점뿐만 아니라, 호두와 말린 생선, 고철 등을 바꾸어 파는 초가집에서도 팔렸다. 그중 하나는 '토끼와 거북'이 아니라 '거북과 토끼'라는 제목이었다.

이야기는 바다 밑 수정궁에 사는 용왕이 병에 걸렸다는 내용이다. 그 병은 토끼 간을 제외하고는 낫는 방법이 없는 아주 심각한 병이었다. 껍질이 단단한 거북이가 토끼를 찾아 용왕에게 데려가기로 했다. 거북은 결국 토끼를 꾀어서 바다로 데리고 갔고, 용왕의 궁전 속 인어들 사이까지 들어가게 되었다.

토끼는 이제 곧 잡아먹힐지도 모르는 아찔한 상황에 처해 있었다. 그때 문득 한 가지 생각이 떠올라서 용왕에게 말했다. "용왕님, 정말 송구스럽습니다만 간을 드리고 싶어도 사실 간을 몸 밖에 두고 왔습니다. 저는 간을 꺼냈다가 다시 넣을 수 있는 능력이 있습니다." "정말이냐?" 용왕이 말했다. 대신들은 토끼를 잡아 심문하려 했지만, 용왕은 의로운 성정을 지녔기에 무례한 방법을 쓰지 않았다. 용왕은 토끼를 믿고 거북이에게 간을 가져오라고 보냈다. 이렇게 해서 150년 전의 독특한 상상력이 담긴 이야기가 이어진다.

오늘날 우리는 한국인의 정신세계가 황폐한 상태에 다다른 것을 본다. 지금 나오는 이야기들은 서양의 가장 빈약한 형식을 모방한 미약한 시도에 불과하다. YMCA 저널에서는 '삼십 년 후'라는 이야기를 연재 중인데, 이 소설의 주인공은 자본가를 죽인 영웅으로 묘사된다. 그의 사진은 천사들이 그를 천국으로 데려가는 모습과 함께 교회에 걸려 있다. 하지만 그가 감옥에 가기 전에 한 여자를 망친 사실은 그의 열렬한 팬들이 전혀 문제 삼지 않는다. 노동자 해방이라는 찬란한 이념 앞에서 잔혹한 자본가나 평범한 여자는 아무 의미가 없기 때문이다. 이런 거친 사상들은 동양의 정신에서 비롯된 것이 아니라 단순한 모방에 불과하며 곳곳에서 나타난다.

얼마 전 종로의 큰 서점 중 하나를 지나가며 가장 잘 팔리는 소설을 물었더니 『천리연정』이라는 책을 건네주었다. 표지는 화려하고, 배에 탄 남자가 왼손으로 모자를 흔들며 해변에 있는 여자가 손수건을 흔드는 장면이 그려져 있다.

이 두 사람은 평양의 대동강에서 처음 만나고, 이후 서문 밖 홍제원에서 다시 만난다. 그들은 서로에 대한 간절한 그리움 속에 살다가 결국 결혼하고, 금강산으로 여행을 떠난다. 이어 독수리 새끼 섬까지 여행을 계속하지만, 바람에 휩쓸려 바닷속으로 사라지고 다시는 소식이 들리지 않는다.

문학적으로 보면 이 책은 절망적인 수준의 작품으로, 문학적 기교가 전혀 없는 사람이 쓴 글이다. '토끼와 거북이' 같은 옛 이야기는 능숙한 솜씨로 쓰였지만, 오늘날 책들은 그렇지 않다. 이 책의 두드러진 특징은 서양 스타일을 철저히 모방하며 최신 유행을 따라가려 한다는 점이다.

(『코리아 북맨』 3월호 (1923))

4. 한국 민족사

38장

 10여 년 동안 서울 거리를 빠르게 누비며 가장 눈길을 끈 행렬 중 하나는 위안스카이의 행렬이었다. 그는 '대국'의 대표로서 다른 모든 외국 대표들보다 앞서 대접받았다. 궁궐에 들어갈 때도 오직 왕실만이 사용할 수 있는 정문을 통해 입궐했다. 위안스카이 자신은 온화한 태도와 친절한 표정, 부드러운 목소리를 지닌 젊은 인물로, 이홍장의 훌륭한 대리인이라 할 만했다. 조선은 그가 정치에 처음 발을 들인 곳이었고, 서울은 그의 첫 활동이 펼쳐진 무대였다. 이후 그는 꾸준히 승진하여 1913년 10월 6일 중화민국 대통령에 선출되었다. 그러나 불꽃놀이의 불꽃이 화려하게 솟구쳤다가 터져 사라지듯, 그는 황제의 예복, 과시적인 장식품과 함께 순식간에 무대에서 사라졌고, 중국은 오늘날 우리가 보는 것처럼 혼란과 어둠 속에 남겨졌.
 한편, 김옥균은 정치적 실패 이후 일본으로 도피해 10년간 머물렀다. 갑신정변을 주도한 일이 잊힐 무렵, 옛 친구 홍종우가 찾아왔다. 오랜만의 재회는 김옥균에게 반가운 일이었다. 이후 홍종우는 급한 일로 상하이에 가게 되었다면서, 그곳에는 본국 관원이 주재하지 않아 위험할 것이 없다고 하였다. 그리고 김옥균에게 동행할 것을 권유했다. 늘 신중하지 못했던 김옥균은 이를 받아들였다. 1894년 3월의 바람 부는 어느 날, 김옥균이 한가롭게 낮잠을 자는 동안, 홍종우는 호주머니에서 권총을 꺼내 번개처럼 그의 머리를 쏘아 죽였다. 일본에서였다면 교수형을 당했을 홍종우는 그 사실을 잘 알고 김옥균을 중국으로 유인했다. 중국에서는 각자 자기가 보기에 옳은 대로 행할 수 있었기 때문이다. 중국은 이 사건을 주목했고, 반역자를 처단한 정당한 행동이라 칭찬했다. 그리고 홍종우와 시신을 군함에 실어 인천 제물포로 송환했다.

4월 14일, 그의 참혹한 시신은 여러 신체 부위로 나누어져 사람들 눈에 띄도록 내걸렸다. 이러한 구습은 조선에서만 있었던 것이 아니라, 약 100여 년 전 서양에서도 존재했던 일이었으니, 특별히 놀라거나 비난할 일은 아니었다. 인간은 자기 손으로 저지른 참혹함보다 남이 저지른 참혹함에 더 민감하게 반응하는 법이다. 영국에서 크롬웰의 이가 드러난 머리가 웨스트민스터 전당의 창끝에 꽂혀 있던 모습은 23년 동안 세인트 마틴스 레인 아이들을 겁주었다. 이런 잔혹한 장면이 세상 사람들에게 경고가 되고 반역의 기운을 잠재울 것이라는 잘못된 생각은 인류 공통의 착각이었다.

그 무렵 조선은 갑작스럽게 몰려든 외국인들로 불안에 휩싸였다. 마치 정체 모를 새 떼가 사방에서 초대도 없이 몰려든 듯했다. 그 뒤를 따라 갖가지 소문이 돌았는데, 1888년에는 특히 아이들이 여기저기서 사라진다는 소문이 퍼졌다. 오늘 보이던 아이가 다음 날에는 사라지는 식이었다. 글쓴이에게 전해진 가장 기이한 이야기들은 외국인들을 어린아이를 잡아먹으려 하는 사람들로 오해한 것이었다. 이런 생각은 동아시아 전역에 공통적으로 퍼져 있었던 것으로 보인다. 그 근원은 요한복음의 중국어 본문에서 비롯된 듯하다. "인자의 살을 먹지 않으면 안 된다"라는 구절을, 원문의 의미를 모르는 사람이 잘못 이해하면 "사람의 아이 살을 먹고 피를 마셔야 한다"로 번역할 수도 있었던 것이다. 시간이 흐르면서 이러한 터무니없는 오해는 점차 사라지고 괴상한 소문도 함께 사라졌다.

이 시기, 성균관 뒤편의 깊숙한 곳에 은밀히 자리한 무당의 거처에서, 세상에 유래를 찾기 어려운 기이한 인물이 명성과 부를 거머쥐고 나타났다. 글쓴이가 살펴본 바에 의하면, 학자들이 기록으로 남긴 문헌에는 이렇게 적혀 있었다.

"그녀는 간계로 가득 찬 여우와 같았으며, 스스로를 무신 관왕(관우)의 딸이라 칭하였다. 교묘한 언사로 왕족과 대신들을 현혹시켜 마침내 스스로를 진령군(眞靈君)이라 불렀다. 그녀는 이 사람에게는 '그의 형제'라 하고, 또 다른 이에게는 '그의 아들'이라 하여, 세상 모든 이를 발아래 두었다."

그녀의 권세는 대단하여 심지어 각 도의 관찰사들까지 그녀의 영향력에 따라 제수되었다. 어느 날 그녀는 수많은 일행들과 함께 나를 찾아와 자신이 신령들과 교감하고 있음을 밝히며, 나에게도 하나님께 기도하여 모든 권능이 그녀에게 맡겨지도록 해 달라고 부탁하였다. 그녀는 손바닥 크기의 금빛 용문 인장을 내게 선물하였는데, 그 위에는 '무신의 신 관왕(關王) 한수후의 인장'이 새겨져 있었다.

그녀는 매우 온화한 태도와 세련된 언변으로 말하는 여인이었기에, 그렇게 부드럽고 매력적인 인물이 어떻게 그렇게 막강한 힘의 중심이 될 수 있었는지 감탄하지 않을 수 없었다. 또한 조선 왕이 일반 여인에게 처음으로 '공주'라는 칭호를 내린 인물이기도 하였다.

그녀의 지시에 따라 전국의 모든 사당들이 일제히 문을 열었으며, 관왕 신을 모시는 부속 사당들 또한 기도처로 활용되었다. 이에 대해 한 한국 문인은 "기도의 목적은 축복을 구하는 데 있지만, 이곳에서는 오히려 저주가 내렸다는 느낌을 받는다."고 평하기도 하였다. 나라의 재정은 점차 궁핍해졌고, 궁중에는 5백 년 전 신돈과 다를 바 없는 인물들이 드나들었다. 당시 궁정이나 권력자는, 보통과 다른 존재라면 누구든, 심지어 귀신이라 할지라도 그 요구를 반드시 받아주었다.

1894년 기록에 따르면, 철종 말기에 충주 출신 최복술(최제우의 아명)이라는 이가 종교를 내세워 '동학'이라는 교단을 조직하였다. 결국 대구에서 재판을 받고 처형되었다. 그의 제자 최시형(역자 주: 최제우로 오기)은 수많은 추종자들과 함께 한성으로 올라와 궁궐 문 앞에서 상소문을 올렸다. 많은 이들이 그의 처형을 요구하였으나 정부는 망설였다. 최시형은 보이지 않는 신령과 교감한다고 알려졌다. 진령 공주는 정부에 신중할 것을 권고했다

고종은 다음과 같은 내용의 칙령을 내렸다.

"오백 년이 지나는 동안 세상은 극심한 악에 빠져, 이제는 각자가 자기 보기에 옳은 대로 행하는 지경에 이르렀다. 이로 인해 저주라는 해악이 나라 전체를 뒤흔들었고 우리 백성은 완전히 어둠 속에 갇혔다. 그대들이 '학(學)'이라 부르는 것, 즉 하나님을 기리는 학문이라 주장하는 것은 실상 하나님을 속이려는 시도에 불과하다. 무엇을 위해 이런 일을 하는가? 성벽을 쌓고 깃발을 휘날리며 전단을 흩뿌리는 것은 단지 백성을 선동하는 것일 뿐이다. 이러한 행위들은 우리나라에 큰 재앙을 불러오고 결국 전쟁으로 치달게 될 것이다."

그러나 동학 농민군은 계속해서 저항하였고, 정부군의 연이은 패배는 고종의 국가 위기의식을 크게 자극하였다. 이에 고종은 이홍장에게 도와달라는 서한을 보내었고, 마땅히 큰 나라로서 책임을 다해야 한다는 뜻에 따라 중국은 즉시 아산에 군대를 파견하였다.

그러나 중국 군대의 군수송선 '코우싱' 호가 일본군 함정과 조우하여 짧은 교전 끝에 침몰하고, 탑승자 전원이 희생되었다. 얼마 지나지 않아 일본은 중국에 선전포고를 하였고, 여러 차례 전투에서 중

국은 참담하게 패배하였다. 일본군의 질서와 엄격한 규율, 탁월한 전술은 일거에 동아시아의 판도를 뒤바꾸어 놓았다.

그 결과 조선의 상황도 완전히 달라졌다. 오랫동안 조선의 전통적 우방이자 영향력을 행사해 온 중국은 힘을 잃었고, 일본은 세계 강대국으로 급부상했다. 새로운 국제관계와 조약이 필요해졌고, 이후 동아시아에서 세력 균형은 중국 대신 일본이 주도하게 되었다. 조선 내에서는 일본 세력과 민씨 세력이 즉각 대립했다. 일본 세력 쪽에는 구대신이 중심에 섰고, 민씨 세력은 민비가 지원했다. 많은 변화가 일어났지만, 고종의 부친이 강한 성격의 며느리를 끝내 인정하지 않았다는 사실만은 변하지 않았다.

1895년 10월 8일, 음울한 아침이었다. 궁전 쪽에서 울려 퍼지는 총성 소리에 온 나라가 숨죽였다. 무슨 일이 일어난 것일까? 그날 늦게, 왕비가 암살당했다는 소식이 전해졌다. 이 사건에는 일본의 낭인들이 개입한 것으로 알려졌다. 자애롭고 총명하며 강인한 의지를 지녔으나, 지나친 미신에 사로잡혀 국가를 약화시키고 빈곤하게 만든 왕비의 일생은 그렇게 막을 내렸다. 이후 친일 개혁 세력이 궁전을 장악하여 1896년 2월까지 정권을 유지했다. 그러던 중 고종과 왕세자는 가마에 깊이 숨겨진 채 탈출하여 러시아 공사관으로 피신하였고, 그곳에서 1년간 머무르며 새로운 정세 변화를 맞았다. 이는 또 한 번의 격렬한 정치적 격변의 서막이 되었다.

러시아가 국왕에게 영향력을 갖게 된 것은 일본에 대한 노골적인 도전이었다. 일본은 이를 예의주시하였다. 고종은 점차 러시아 세력을 신임하여 용암포를 넘겨주고 마산포를 넘기겠다고 약속하는 등 여러 혜택을 주었다. 일본은 이 문제를 해결하지 못하면, 머지않아 영원히 굴복해야 하는 날이 올 것을 예감하였다. 이에 일본 최고 군사 전문가들의 조언을 바탕으로 육해군 공격 준비를 치밀하게 갖추고 알맞은 시기를 기다렸다.

마침내 1904년 2월 9일, 인천 제물포에서 포성이 울리자 한성 전 지역이 흔들렸다. 이것이 바로 러일 전쟁의 시작이었다. 첫 전투의 결과로, 제물포 항에는 '바랴크', '코리엣츠', '숭가리'라는 세 척의 러시아 군함이 마치 죽은 시체처럼 침몰되어 있었다. 반쯤 익사하고 부상당한 러시아 병사들이 곳곳에 흩어져 있었으나 일본군의 모습은 찾아볼 수 없었다. 전투는 끝났고 일본군은 새로운 전장을 향해 이동한 상태였다.

비록 이후의 전쟁이 국내에서는 크게 주목받지 못했으나, 한국의 미래에 지대한 영향을 끼쳤다. 압록강 앞바다에서 일본이 거둔 결정적 승리, 무덕(선양) 전투, 그리고 최종적으로 러시아 군이 여순항에서 완전히 철수함으로써 동방의 지배권 문제는 모두 결말을 맺었다.

러시아는 위대했다. 거대한 세력, 광대한 제국, 그리고 백색 차르라 불리며 황제의 위엄을 지녔지만, 이제는 그 영광이 사라져 다시는 돌아오지 않을 운명이었다. 극동에서의 러시아 몰락은 물론 대유럽 전쟁과도 깊은 관련이 있었다. 연세 지긋한 한국 학자 한 분은 내게 한국 정세에 관해 인상적인 말을 남겼다. 다소 허름한 차림에 독특한 말투를 구사하는 분이었지만, 그 말 속에는 예상치 못한 깊이가 있었다.

"우리 한국인이 세계대전을 시작했소. 그래서 우리는 정말로 세계적인 민족이 맞소." "그게 무슨 말씀이신가요?" 내가 물었다. "자, 나를 따라오시오. 분명히 납득하게 될 것이오. 우리는 동학을 일으켰지 않소? 동학 때문에 폐하와 조정이 매우 곤란해졌고, 결국 중국에 도움을 요청했지요. 중국이 개입하자 일본이 바로 움직였소. 전쟁이 벌어졌고 일본은 중국을 물리쳤소. 이는 전 세계, 특히 러시아를 깜짝 놀라게 했소. 러시아는 '이 섬나라 제국을 막아야 한다, 그렇지 않으면 큰 어려움이 닥칠 것'이라 생각했지요. 그래서 한국의 왕을 끌어들여 자신들의 공관에 머물게 했소. 한편 일본은 단단히 각오를 다지고 준비를 갖추었지요. 운명의 때가 되자 양국은 총력전을 벌였고, 누가 상상이나 했겠소? 러시아가 패하고 일본이 급부상했소. 독일은 러시아 제국이 무너진 것을 보고 '이제 러시아 제국을 처리할 때이다. 언젠가는 해야 할 일이다'라며 제국을 10년 동안 거대한 훈련소로 바꾸었소. 그리고 마침내 큰 전쟁이 전 세계를 휩쓸었지요. 확실히 우리의 작은 동학이 역사상 가장 거대한 세계 대전의 불씨를 당긴 셈이오."

나는 그의 말을 듣고 이렇게 말했다. "맞아요, 무언가 일리가 있는 말씀 같네요." 러시아의 패배 뒤에 이토 히로부미가 특명전권대사로 와서 다시는 러시아가 용암포에 발붙이지 못하게 단호히 움직였다. 그는 압박을 가해 조선 정부로 하여금 일본의 보호국임을 인정하는 형식적인 조약을 서둘러 체결하게 했고, 그날 이후 한국의 운명은 섬나라 제국과 하나가 되었다.

이토 히로부미의 죽음은 1910년 합병을 앞당겼다. 약 2,000년 동안 굳건한 용기로 역사의 흐름 속에 존재해 온 작은 왕국이 무너지는 것을 우리는 안타까운 마음으로 바라볼 수밖에 없었다. 그러나 운명과 시대, 그리고 한국이 맞닥뜨린 상황이 모두 불리하게 작용했다. 왕은 현명하지 못했고, 신하들은 준비가 부족해 국가의 기초를 다질 중요한 시간을 허송세월로 보내 버렸으며, 결국 나라의 근간을 세우는 데 꼭 필요한 일들이 제대로 이루어지지 못했다.

사람들의 생활과 습관에 많은 변화가 일어났다. 어두웠던 서울의 거리는 이제 불빛으로 밝혀졌고, 콜레라 같은 전염병은 닥터 앨런이 그의 연대기에서 '자전거의 해악'이라고 표현한 새로운 문제로 대체되었다. 대원군과 명성황후는 세상을 떠났으며, 여성들은 베일을 벗고 거리로 나왔다. 전차는 힘차게 종을 울리며 달렸고, 기차는 밤새 요란한 소리를 내며 달렸다. 예전의 갓과 두건은 벗겨졌고, 거리 곳곳에는 이발소가 번창했다. 서양식 옷과 모자, 장화가 널리 퍼졌으며, 동궁박물관에는 가마가 보존되어 있었다. 대신 인력거가 일상 교통수단으로 자리 잡았으나, 자동차가 인력거를 도로에서 밀어내기 시작했다. 학교가 곳곳에 들어섰고, 농부의 아들과 왕족, 귀족 모두가 기하학과 수학 문제를 공부하며 새로운 지식을 익히려고 애썼다.

최근 몇 년간 서양의 저명한 인사들이 여러 차례 이곳을 찾았다. 고대 문화를 자랑하던 이 나라의 쇠퇴를 안타깝게 여기며 온 것이었다. 그중에는 프로이센의 헨리 왕자가 있었다. 그는 왕족이 흔히 누리기 어려운, 누구의 시선도 받지 않고 자유롭게 산책하는 기쁨을 한국에서 경험했다. 그는 작은 사냥개 품종인 자신의 닥스훈트와 함께 평범한 사람들이 하듯, 자유로운 시간을 만끽했다. 커즌은 동양 문제를 논의하기 위해 잠시 들렀으며, 윌리엄 제닝스 브라이언은 어느 날 오후 친근한 연설에서 젊은이들에게 한국의 유일한 희망이 어디에 있는지 이야기했다.

잭 런던은 자료를 모으기 위해 여기저기 돌아다니며 그의 끔찍한 소설 『재킷』의 소재를 모았다. 키친너 경은 한국에 도착하여 차갑고 무심한 눈으로 잠시 둘러보았다. 브라이스 경은 한국 사람들에게 깊은 관심을 가졌다. 한국인들의 삶은 문학과 시, 색채, 의식, 음악 등 다양한 문화 요소로 가득 차 있었으며, 매우 고도로 발전한 문화를 이루고 있었다. 그는 한국 사람들의 삶을 글로 남겼고, 마지막까지 그들을 생각했다. 한국을 방문하고 관찰한 수많은 서양 사람들은 한국이 극동의 일부에 속하지만 중국이나 일본과는 다르다는 사실을 알았다.

중국은 여러 이민족과 뒤섞여 있었고, 일본은 사업적 감각과 무한한 미래에 대한 열정으로 가득한 불교 국가였다. 반면 한국은 유교적인 권위와 전통에 얽매여 새로움에 냉담하게 반응했다. 19세기 말, 한국의 시대는 사실상 막을 내렸다. 그 이후 서구의 물질문명이 거대한 물결처럼 밀려들었다. 그 가차 없는 물결 속에서는 무엇도 온전하지 못했다. 서구 문명의 거대한 유입 속에서 한문 고전은 옛 가치를 잃었다. 관리 양성을 위한 전통적 학문도 사라졌다. 오랜 세월 영혼을 위로하고 사회를 지탱해 온 옛 종교들도 잊혀졌다. 동양의 모든 전통적 형태들은 사라지고, 오늘날 우리가 목격하는 복잡한 혼란만 남았다.

중국 역시 비슷한 처지에 있다. 옛 중국의 몰락과 서구 사상의 파도 속에 어디로 갈지 알 수 없이 떠내려가고 있다. 우리는 옛 한국을 안타까워한다. 정치적 요인보다는 서구에서 온 사회적·지적 혁명에 의해 희생된 것이다. 우리는 무심코 동아시아의 파괴자가 되었고, 한국도 그 안에 포함되어 있다. 서구가 한국에게 제멋대로 한다면, 한국도 그럴 수밖에 없다. 서구는 부모에 대해 신경 쓰지 않는데, 한국이 왜 신경 써야 하겠는가? 서구는 성별 간 경계가 없는데, 한국이 왜 그걸 지켜야 하겠는가?

한국이 서양에서 본 모든 것 중 종교는 아무런 의미가 없었다. 그렇다면 굳이 종교를 신경 써야 할 이유가 있는가? 노동조합주의, 공산주의, 사회주의, 볼셰비키즘, 무정부주의 등은 서양 사람들의 진정한 정신을 나타내는 것이었으니, 우리도 거기에 참여하여 똑같이 따라야 하지 않겠는가? 서양 사람들이 힘차고 당당하게 노래하는데, 우리만 목소리를 약하고 가늘게 낼 이유가 어디 있겠는가? 붓을 쓸 이유가 있나? 서양이 유화로 그리는데 왜 우리는 그렇게 하지 못할까? 왜 트롬본과 바이올린을 연주하지 않을까? 왜 남녀가 기쁨에 겨워 함께 뛰어놀지 못할까? 왜 원하는 때에 언제든지 이혼할 수 없을까? 서양이 시대를 앞서가듯, 우리도 시대에 뒤처지지 말아야 하지 않겠는가? 이런 대담한 꿈은, 잭 런던이 상상했던 어떤 것보다도 앞서며, 혼란스러운 요즘 서울 도심의 진보적인 젊은이들의 사고를 잘 보여준다.

이제 마무리하며, 한 번 더 지나간 옛 조선을 돌아보자. 중국이 오래전 '선비의 나라'라 칭했던 그 땅, 학자의 나라, 책과 붓의 나라, 아름다운 도자기와 광택 나는 거울의 나라, 가장 희귀하고 고급스러운 직물의 나라, 시와 그림의 나라, 효자와 충신, 헌신적인 아내의 나라, 하나님을 섬기는 깊은 종교적 사유의 나라가 바로 그곳이었다.

이 역사를 마무리하며, 내가 찾을 수 있는 가장 오래된 기록인 B. C. 17년에 고구려 유리왕이 지은 시구를 다시 한번 인용하고자 한다. 이 시는 8장에 소개되었으나 잘못 전해진 바 있다. 유리왕은 아내가 떠난 뒤, 행복하게 짝을 이룬 꾀꼬리 한 쌍을 보고 수컷 새에게 이렇게 말한다.

> 노래하듯 가벼이, 기쁨으로 빛나는 노란 새들이여,
> 서로 사랑하며 살기 위해 짝하는구나.
> 그러나 나는, 슬프도다.
> 사랑받지 못하고, 불러주는 이도 없이
> 나의 모든 것을 잃었네,
> 오, 나의 그리운 이여.

이 글의 마지막 부분에서는 1922년 1월 21일 세상을 떠난 김윤식(金允植) 자작(역자 주: 3·1운동 이후 일본 정부로부터 자작 작위를 박탈당하였다.)에 대해 이야기하려 한다. 그는 경학원 대제학으로서 참된 한국의 지도자이자 애국자였으며, 나라를 위해 많은 고난을 겪었다. 오랜 유배 생활과 이전 정부로부터 겪은 모진 시련, 투옥과 강등, 그리고 비난까지 받았지만 언제나 선비답고 온화한 말씨와 절제된 생활, 준수한 용모를 지녔다. 글쓴이가 한국을 떠나면서 간직한 보물 중 하나는 그의 시문집 8권과 함께 받은 사진과 친필 편지이다. 그 책에서 처음 만난 시 한 편은 다음과 같다.

떠나는 제비

너는 아기 새의 여린 부리를 보호하며
지저귀며 말하는 법을 가르쳤다.
밤낮으로 쉬지 않고 애쓰며
아기 새가 가장 소중한 생명임을 보여주었다.
우리 집 단청 처마에 내려앉아
아내의 눈앞에 둥지를 틀었지.
그녀도 너를 사랑하고, 나 역시 그랬다.
그런데 왜 우리 곁을 떠나려 하는가?
끊임없이 노래하던 봄은 지나갔고,
지금은 나뭇잎들이 바스락거리며 떨어지는 가을이다.
한때 생기 넘치던 계절은 지나고
조용히 낙엽이 쌓이며
시간이 흘러 변해 간다.
점점 차가워지는 날씨에

너는 고요히 앉아 날갯짓조차 하지 않는다.
네가 처음 왔을 때는 두 마리였지만
나중에 네 마리로 늘어났다.
너는 둥글게 하늘을 한 바퀴 돌며 말했지,
"우리는 검은 깃털을 가진 고귀한 새들이다."
꽃 위를 스치고
시냇물 위를 날아가던 너였는데
지금은 떠나고 없어, 마치 한낮의 꿈처럼.
밤새도록 무심히 울어대는 귀뚜라미만이
홀로 노래를 이어간다.

(『코리아 미션 필드』 제23권 9월호 (1927))

CONTENTS

I. Homer Bezaleel Hubert(1863-1949)

   1. KOREAN POETRY.   122
   2. KOREAN FOLK-TALES   131

II. James Scarth Gale(1863-1937)

   1. A FEW WORDS ON LITERATURE.   188
   2. KOREAN LITERATURE.   195
   3. Fiction   238
   4. A History of the Korean People   242

I.

Homer Bezaleel Hubert

(1863-1949)

1. KOREAN POETRY.

There is nothing more interesting than a good dialect story, but literature contains nothing more really deceptive. The reason is that the raciness of it, due to oddities of idiom and pronunciation, is utterly unfelt by the people of whom it is the ordinary mode of speech. The negro dialect is often irresistibly funny or irresistibly pathetic, not to the negro himself but to those who are impressed with his peculiarities of accent, idiom or use of illustration.

When a foreigner sees a Korean for the first time he feels like laughing because of the apparent absurdity of certain parts of his costume. Pidgin English affects new-comers in the same way, but neither the Korean with his funny hat, nor the Chinaman with his outlandish talk can see anything amusing in it nor anything to laugh about. Rudyard Kipling's Terence Mulvaney is quite irresistible, but you laugh when he would be sad and you feel for your handkerchief when he, perhaps, is miles from tears.

Now it is in some such way as this that we are juggled when it comes to the poetry of other peoples, especially of people so radically different from the Anglo Saxon race as are these eastern Asiatics. If we are after a real knowledge of these peoples rather than an hour's amusement it will be better worth our while to inquire how this or that odd turn of expression · affects the native who uses it than how it affects the foreigner. When a Korean says to you "Is not the great man's stomach empty?" you understand him to say, "Are you not hungry, sir?" It means nothing more than that to him and if it means more to you it is simply because you are not accustomed to the peculiarities of his speech.

This is my reason for rejecting all literal translation of Korean songs or poetry. It would mean something different to most readers of The Repository than it does to the Korean The thing wanted is to convey the same idea or to awaken the same sensation in the reader as is conveyed to or is awakened in the native by their poetry.

The first difficulty lies in the fact that much of Korean poetry is so condensed. Diction seems to have little or nothing to do with their poetry, A half dozen Chinese characters. if properly collocated, may convey to him more thought than an eight-line stanza does to us. As you pass through a picture gallery, each picture is a completed unit in itself conveying a whole congeries of ideas and sending the mind, it may be, through a whole range of memories. Supposing that instead of the picture which is intended to portray the idea of devotion there should simply be the word devotion written on a placard and hung against the wall or perhaps a few words illustrative of devotion. That would illustrate in a certain way the difference between Korean and English poetry. In the one case the ear is the medium, in the other case the eye. It is for this reason that there is no such thing in the whole East as oratory. There is no art of speech; it is entirely utilitarian. Allow me to illustrate this pregnancy of meaning in single characters as used by Koreans. Take the two characters 落花 The first of these is called *nak* meaning to fall, and the second is *wha* meaning a flower. In other words *fallen flower*. The allusion is historical and when these characters meet the eye of an educated Korean they convey to his mind something of the meaning of the following lines.

> In Pak Je's* halls is heard a sound of woe.
> The craven King. with prescience of his fate,
> Has fled, by all his warrior knights encinct.
> Nor wizard's art, nor reeking sacrifice,
> Nor martial host can stem the tidal wave
> Of Silla's vengeance. Flight, the coward's boon,
> Is his; but by his flight his queen is worse
> Than widowed: left a prey to war's caprice,
> The invader's insult and the conqueror's jest.
> Silent she sits among her trembling maids
> Whose loud lament and clamorous grief bespeak
> Their anguish less than hers. But lo, she smiles,
> And, beckoning with her hand, she leads them forth
> Beyond the city's wall, as when, in days of peace,
> She held high holiday in nature's haunts.

---

* One of the ancient kingdom of southerns Korea.

But now behind them sounds the horrid din
Of ruthless war, and on they speed to where
A beetling precipice frowns ever at
Itself within the mirror of a pool
By spirits haunted. Now the steep is scaled.
With flashing eye and heaving breast she turns
And kindles thus heroic flame where erst
Were ashes of despair. "The insulting foe
Has boasted loud that he will cull the flowers
Of Pak Je. Let him learn his boast is vain,
For never shall they say that Pak Je's queen
Was less than queenly. Lo! the spirits wait
In yon dark pool. Though deep the abyss and harsh
Death's summon, we shall fall nto their arms
As on a bed of down and pillow there
Our heads in conscious innocence." This said,
She calls them to the brink. Hand clasped in hand,
In sisterhood of grief an instant thus they stand,
Then forth into the void they leap, brave hearts!
Dike drifting petals of the plum soft blown
By April's perfumed breath, so fell the flowers
Of Pak je, but, in falling, rose aloft
To honor's pinnacle.

The Korean delights in introducing poetical allusions into his folk-tales. It is only a line here and a line there, for his poetry is nothing if not spontaneous He does not sit down and work out long cantos, but he sings like the bird when he cannot help singing.

One of the best of this style is found in the story of Cho Ung who, after nailing to the palace gate his defiance of the usurper of his master's throne, fled to a monastery in the south and after studying the science of war for several years came forth to destroy that usurper. The first day he became possessed in a marvellous manner of a sword and steed and at night, still wearing the priest's garments, enjoyed the hospitality·of a country gentleman.

As he stood at the window of his chamber looking out upon the moonlit scene he heard. the sound of a zither which must have been touched by fairy fingers for though no words were sung the music interpreted itself.

> Sad heart, sad heart, thou waitest long,
>   For love's deep fountain thirsting.
> Must winter linger in my soul •
>   Tho' April's buds are bursting?
>
> The forest deep, at love's behest,
>   his heart of oak hath riven,
> This lodge to rear, where I might greet
>   My hero, fortune-driven.
>
> But heartless fortune, mocking me,
>   My knight far hence hath banished,

And in his place this cowl-drawn monk
　From whom love's hope hath vanished.

This throbbing zither I have ta'en
　To speed my heart's fond message
And call from heaven the *won-ang*† bird,
　Love's sign and joy's sure presage.

But fate, mid-heaven, hath caged the bird
　That, only, love's note utters:
And in its stead a *ga-chi*‡ foul
　Into my bosom flutters.

Piqued at this equivocal praise, Cho Ung draws out his flute, his constant companion, and answers his unseen critic in notes that mean.

Ten years among the halls of learning I have shunned
The shrine of love, life's synonym; and dreamt, vain youth,
That having conquered nature's secrets I could wrest
From life its crowning jewel, love. 'Twas not to be.
To-night I hear a voice from some far sphere that bids
The lamp of love to burn, for sooth, but pours no oil
Into its chalice. Woe is me; full well I know
There is no bridge that spans the gulf from earth to heaven,

---

† A bird which chooses its mate for life and is thus a type of marital love and fidelity.
‡ The common magpie.

> E'en though I deem her queen, in yon fair moon enthroned,
> The nearest of her kin, can I breath soft enough
> Into this lute to make earth silence hold that she
> May hear, or shrill so loud to pierce the firmament
> And force the ear of night ?

However that may be, he soon solved the difficulty by jump- over the mud wall which separated them, and obtaining her promise to become his wife, which promise she fulfilled after he had led an army against the usurper and had driven him from the throne.

Korean poetry is all of a lyric nature. There is nothing that can be compared with the epic. We do not ask the lark to sing a whole symphony, nor do we ask the Asiatic to give us long historical or narrative· accounts in verse. Their language does not lend itself to that form of expression. It is all nature music pure and simple. It is all passion, sensibility, emotion. It deals with personal, domestic, even trivial matters oftentimes, and in this respect it may be called narrow, but we must not forget that the lives of these people are narrow, their horizon circumscribed. This explains in part why they lavish such a world of passion on such trivial matters. It is because in their small world these things are relatively great. The swaying of a willow bough, the erratic fright of a butterfly, the falling of a petal, the drone of a passing bee means more to him than to one whose life is broader.

Here we have the fisherman's evening song as he returns from work.

> As darts the sun his setting rays
>   Athwart the shimmering mere,
> My fishing-line reluctantly
>   I furl and shoreward steer.
>
> Far out along the foam-tipped waves
>   The shower-fairies trip,
> Where sea-gulls, folding weary wing,
>   Alternate rise and dip.
>
> A willow withe through silver gills,
>   My tophies I display.
> To yonder wine-shop first I'll hie,
>   Then homeward wend my way.

In the following again we find a familiar strain. A Korean setting of our "Oh, for a lodge in soine vast wilderness."

> Weary of the ceaseless clamor,
>   Of the false smile and the glamor
> Of the place they call the world:
>   Like the sailor home returning,
> For the wave no longer yearning.
>   I my sail of life have furled.

Deep within this mountain fastness,
  Minified by nature's vastness.
Hermit-wise, a lodge I'll build.
  Clouds shall form the frescoed ceiling,
Heaven's blue depths but half revealing,
  Sun-beam raftered, star-light filled.

In a lakelet deep I'll fetter
  Yon fair moon- Oh who would better
Nature's self incarcerate?
  Though, for ransom, worlds be offered,
I would scorn the riches proffered:
  Keep her still, and laugh at fate.

And when Autumn's hand shall scatter
  Leaves upon my floor, what matter,
Since I have the wind for broom?
  Cleaning house 1 will not reckon
Only to the storm-spirits beckon;
  With their floods they'll cleanse each room.

We can not charge the Korean with lack of imagination but rather, at times, with the exuberance of it.

(*The Korean Repository*, Vol. 3. May, 1896)

2. KOREAN FOLK-TALES

Before beginning the discussion of Korean folk-lore it will be well to define the term or at least to indicate the limits within which the discussion will be confined : for folk-lore is a very ambiguous term, including, at one extreme, not only the folk-tales of a people but the folk-songs, superstitions, charms, proverbs, conundrums, incantations and many other odds and ends of domestic tradition which find no classification under other headings. Folk-lore is the back attic to which are relegated all those interesting old pieces of ethnological furniture which do not bear the hall-mark of history and are withal too ambiguous in their origin and too heterogeneous in their character to take their place down stairs in the prim order of the modern scientific drawing-room. But if we wish to feel as well as to know what the life of a people has been, we must not sit down in the drawing-room under an electric light and read their annals, but we must mount to the attic and rummage among their folk-lore and, as it were, handle the garments of by-gone days and untie the faded ribbon that confines the love-letters of long ago. Written history stalks across the centuries in seven-league boots, leaping from one great crisis to another and giving only a birds-eye view of what lies between; but folk-lore takes you by the hand and leads you down into the valley, shows you the home, the family, the every-day life, and brings you close to the heart of the people. It has been well said that the test of a man's knowledge of a foreign language is his ability to understand the jokes in that language. So I would say that the test of a man's knowledge of any people's life is his acquaintance with their folk-lore.

The back-attic of Korean folk-lore is filled with a very miscellaneous collection, for the same family has occupied the house for forty centuries and there never has been an auction. Of this mass of material I can, in the space allotted me, give only the merest outline, a rapid inventory, and that not of the whole subject but of only a single part-namely the folk-tales of Korea.

For convenience we may group them under six heads. Confucian, Buddhistic. Shamanistic, legendary, mythical and general or miscellaneous tales.

Williams defines Confucianism as "The political morality taught by Confucius and his disciples and which forms the basis of Chinese jurisprudence. It can hardly be called a religion as it does not inculcate the worship of any god." In other words it stops short at ethical boundaries and does not concern itself with spiritual relations. The point at issue between Confucianism and Buddhism is that the latter affirms that the present life is conditioned by a past one and determines the condition in a future one, while

Confucianism confines itself to the deciding of questions of conduct beginning with-birth and ending with death. It is to be expected therefore that. like Judaism in the days of its decadence, every probable phase and aspect of human life will be discussed and a rule of conduct laid down. This is done largely by allegory, and we find in Korea, as in China, a mass of stories illustrating the line of conduct to be followed under a great variety of circumstances. These stories omit all mention of the more recondite tenets of Confucianism and deal exclusively with the application of a few self-evident ethical principles of conduct. They all cluster about and are slavish imitations of a printed volume of stories called the O-ryun Hang-sil (五倫行實) which means "The Five Principles of Conduct." This has been borrowed mainly from China and the tales it contains are as conventional and as insipid as any other form of Chinese inspiration. As this is a written volume which has a definite place in literature it may not perhaps be strictly classified as folk-lore but the great number of tales based on it, giving simple variations of the same thread-bare themes, have become woven into the fabric of Korean folk-lore and have produced a distinct impression, but rather of an academic than a genuinely moral character. Following the lead of this book, Korean folk-lore has piled example upon example showing how a child, a youth or an adult should act under certain given circumstances.

These "five principles" may be called the five beatitudes of Confucianism and while their author would probably prefer to word them differently the following is the way they work out in actual Korean life.

(1) Blessed is the child who honors his parents for he in turn shall be honored by his children.

(2) Blessed is the man who honors his king for he will stand a chance to be a recipient of the king's favor.

(3) Blessed are the man and wife who treat each other properly for they shall be secure against domestic scandal.

(4) Blessed is the man who treats his friend well for that is the only way to get treated well oneself.

(5) Blessed is the man who honors his elders, for years are a guarantee of wisdom.

Then there are minor ones which are in some sense corollaries of these five, as for instance:

Blessed is the very, very chaste woman for she shall have a red gate built in her front yard with her virtues described thereon to show that the average of womanhood is a shade less virtuous than she.

Blessed is the country gentleman who persistently declines to become prime-minister even though pressed to do so, for he shall never be cautioned by the opposition-and, incidentally, shall have no taxes to pay !

Blessed is the young married woman who suffers patiently the infliction of a mother-in-law, for she in turn shall have the felicity of pinching her daughter-in-law black and blue without remonstrance.

Blessed is the man who treats his servant well, for instead of being squeezed a hundred cash on a string of eggs he will only be squeezed seventy-five.

Korean lore abounds in stories of good little boys and girls who never steal bird's nests, nor play "for keeps," nor tear their clothes, nor strike back, nor tie tin pans to dogs' tails. They form what we may call the "Sunday-school Literature" of the Koreans and they are treated with the same contempt by the healthy Korean boy or girl as goody·goody talk is treated by normal children the world over.

While these stories are many in number they are built on a surprisingly small number of models. After one gets a little used to the formulae, the first few lines of a story reveal to him the whole plot including commencement, complications, climax, catastrophe and conclusion. For instance there is the stock story of the boy whose parents treat him in a most brutal manner but who never makes a word of complaint Anticipating that they will end by throwing him into the well he goes down one dark night by the aid of a rope and digs a side passage in the earth just above the surface of the water ; and so when he is pitched in headlong the next day, he emerges from the water and crawls into this retreat unknown to his doting parents who fondly imagine they have made all arrangements for his future. About the middle of the afternoon he crawls out and faces his astonished parents with a sanctimonious look on his face which from one point of view attests his filial piety, but from another says" You dear old humbugs, you can't get rid of me so easily as that." Be it noted, however, that the pathos of this story lies in its exaggerated description of how Korean children are sometimes treated.

We also have the case of the beautiful widow, the Korean Lucrece, who when the king importuned her to enter his harem seized a knife and cut off her own nose, thus ruining her beauty. Who can doubt that she knew that by this bold stroke she could retire on a fat pension and become the envy of all future widows?

Then there was the boy whose father lay dying of hunger. The youth whetted a knife, went into his father's presence, cut a generous piece of flesh off his own thigh and offered it to his parent. The story takes no account of the fact that the old reprobate actually turned cannibal instead of dying like a decent gentleman. The Koreans seem quite unable to see this moving episode in more than one light and they hold up their hands in wondering admiration ; while all the time the story is exquisitely ironical.

There are numerous stories of the Lear type where the favorite children all deserted their parent, while the one who had been the drudge turned out pure gold. There is quite a volume of Cinderella stories in which proud daughters come to grief in the brambles and have their faces scratched beyond repair while the neglected one is helped by the elves and goblins and in the sequel takes her rightful place. But these stories are often marred by the callous way in which the successful one looks upon the suffering or perhaps the death of her humbled rivals.

A common theme is that of the girl who refuses to marry any other man than the one, perhaps a beggar. who her father had jokingly suggested as a future husband while she was still a child, The prevailing idea in this kind of story is that the image once formed in a maiden's mind of her future husband is, in truth, already her husband, and she must be faithful to him. Such stories are a gauge of actual domestic life in Korea just inversely to the degree of their exaggeration.

Of course a favorite model is that of the boy who spends his whole patrimony on his father's obsequies and becomes a beggar, but after a remarkable series of adventures turns up prime minister of the country. And yet in actual Korean life it has never been noted that contempt of money is a leading qualification for official position.

There is also the type of the evil-minded woman who did nothing but weep upon her husband's grave, but, when asked why she was inconsolable, replied that her only object was to moisten the grave with her tears so that grass would grow the sooner, for only then could she marry again !

Korea is rich in tales of how a man's honor or a woman's virtue was called in question. and just as the fatal moment came the blow was averted by some miraculous vindication; as when a hair-pin, tossed in the air, fell and pierced the solid rock, or when an artery was severed and the blood ran white as milk, or when the cart which was to carry the loyal but traduce official to his execution could not be moved by seven yoke of oxen until the superscription "Traitor" was changed to "Patriot."

These are only a few of the standard models on which the Confucian stories are built, but from these we can judge with fair accuracy the whole. In examining them we find in the first place that they are all highly exaggerated cases, the inference apparently being that the greater includes the less and that if boys and girls, youths and maidens, men and women acted with virtue and discretion under these extreme circumstances how much more should the reader do so under less trying conditions. But the result is that, as Confucianism proposes no adequate motive for such altruistic conduct and provides no adequate penalty for delinquency, the stories are held in a kind of contemptuous tolerance without the least attempt to profit by them or apply them to actual conduct. This tendency is well illustrated in another phase of Korean life. When asked why his people do not attempt to emulate the example of the West in industrial achievements the Korean points to the distant past and cites the case of Yi Sun-sin, who made the first ironclad man-of-war mentioned in history, and says . See, we beat you at your own game, and he actually believes it, though the Korea of today does not possess even a fourth-class gunboat! Even so they point to these fantastic tales to illustrate the moral tone of Korean society when, in truth, these principles are practically as obsolete as the once famous Tortoise Boat. As proof of this I have merely to adduce what we all know of the readiness with which the Korean takes unfair advantage of his neighbor, the general lack of truthfulness, the absence of genuine patriotism, the chaotic state of public and private morals, the impudence of the average Korean child and the exquisite cruelty with which maimed animals are treated.

In the second place it should be noted that while the models given in the O-ryun Hăng-sil are mostly from the Chinese, yet a great many of the tales which are based on these and which pass from mouth to mouth are purely Korean in their setting. The Confucian imprint is there, but translated into terms of Korean life and feeling.

A third point of importance is one that we have already hinted at in stating that the more recondite and esoteric ideas of Confucianism are entirely waived aside and only the practical application is brought to the fore. It is to this fact that we must attribute the virility of Confucian ethics, as a code or standard, even though there be no effort to live up to it. The ideas of filial affection, obedience to authority, marital love, respect for age and confidence in friends are not merely Confucian, they are universal, and belong to every religion and to every civilization, and it is just because they are fundamental principles of all human society that they survive, at least as a recognized standard. They are axiomatic. and to deny them would be to disregard the plainest dictates of human reason. But let us return to our theme.

These stories, as we have said, form the "Sunday-school" literature of the Koreans. They are taken much as Bible stories are in the west, namely by a select-few on select occasions. Everybody knows about them and has a general knowledge of their contents just as every western child knows more or less about David and Goliath, Jonah and the whale, Daniel and the lions ; but just as in the western nursery the Mother Goose Melodies, Cinderella, Jack the Giant-killer, Alice in Wonderland and the Brownies are more in evidence than religious stories, so in Korea the Dragon, Fox or Tiger story, the imp and elf and goblin story are told and listened to far oftener than stories illustrative of Confucian ethics.

The second division of our theme deals with Buddhist tales in Korean folk-lore. Here we find a larger volume and a wider range. The reason for this is that as Buddhism is a mystical religion it gives a much wider play to the imagination ; as it is a spectacular religion it gives opportunity for greater dramatic effect ; as it carries the soul beyond the grave and postulates a definite system of rewards and punishments it affords a much broader stage for its characters to play their parts upon. The Confucian tales are shorter, for they are intended each to point a particular moral, and conciseness is desirable, but with the Buddhistic tales it is different. The plots are often long and intricate. The interrelation of human events in more carefully worked out and the interplay of human passions is given greater prominence, and so the story approaches much nearer to what we call genuine fiction than do the purely Confucian tales. · In fact the latter are mere anecdotes, as a rule, and afford no stimulus to the imagination as the Buddhistic stories do.

Another reason why Buddhist stories are so common is that Buddhism was predominant in Korea for a period of over a thousand years and antedated the general spread of Confucianism by many centuries. Coming in long before literature, as such, had made any headway in the peninsula, Buddhism took a firm hold on all ranks of society. determined the models upon which the stories were built and gained an ascendancy in the Korean imagination which has never been disputed. It is probable that to-day ten stories hinge upon Buddhism where one borrows its motive from Confucian principles. Buddhism entered Korea three or four centuries after Christ and it is not till near the middle of the Koryu dynasty, say 1100 A. D., that we hear of any rivalry between it and Confucianism. By that time Buddhism had moulded the Korean fancy to its own shape. It went deep enough to touch some spiritual chords in the Korean nature. Confucianism never penetrated a hair's breadth deeper than its reason ; and so Buddhism, by the priority of its occupancy and by its deeper touch made an impression that Confucianism has not even begun to efface.

Another cause of the survival of Buddhist ideas, especially in Korean folk-lore, even after Confucianism became nominally the state religion, was that the latter gave such an inferior place to women. Buddhism made no great distinction between the sexes. The very nature of the cult forbids the making of such distinctions, and Korean history is full of incidents showing that women were equal sharers in what were supposed to be the benefits of the religion. Confucianism, on the other hand, gave women a subordinate place, afforded no outlet to her religious aspirations, in fact made child-bearing her only service. Confucianism is a literary cult, a scholastic religion, and women were debarred from its most sacred arcana. They retorted by clinging the more closely to Buddhism where alone they found food for their devotional instincts, albeit the superstition was as dark as Egyptian night. In this they were not opposed. Confucianism, the man's religion, seemed to fancy that by letting despised woman grovel in the darkness of Buddhism its own prestige would be enhanced. The fact remains that one of the most striking peculiarities of Korean society today is that while the men are all nominally Confucianists the women are nearly all Buddhists, or at least devotees of one or other of those forms of superstition into which Buddhism has merged itself in Korea. For instance, what would have become of the Buddhist monasteries had it not been for the Queens of the present dynasty? Even the last ten years give abundant evidence of the potent power of Buddhism in the female breast.

But it is the mothers who mould the children's minds, and every boy and girl in Korea is saturated with Buddhistic or semi-Buddhistic ideas long before the Thousand Character Classic is taken in hand. The imagination and fancy have become enthralled and, while it is true that in time the boy is ridiculed into professing a contempt for Buddhism, the girl clings to it with a tenacity born of sixteen hundred years of inherited tendency. It is of course a modified Buddhist. The underlying fetishism which the Korean inherits from untold antiquity has been so thoroughly mixed with his Buddhism that it is quite impossible to tell where the one leaves off and the other begins.

It must be borne in mind that we are speaking now of the common folk-tales and not the ordinary written literature of modern Korea. The formal writings of the past five centuries have been Confucian and the models have all been. those of the Chinese sage but they are studied only by the select few who have mastered the ideograph. They are not for the mass of the people and mean even less to the common crowd. than Shakespeare and Milton mean to the common people of England and America.

There is one more important reason for the survival of the Buddhist element in Korean folk-tales, and that is its strong localizing tendency. The story plays about some special spot. It clings to its own hallowed locus-just as the story of William Tell, of King Arthur or of Evangeline would lose half their value if made general as to locality. It is because the Korean can lead you to a mountain side and say "Here is where Mu-hak stood when he pronounced the fatal words that foretold the Great Invasion, or show you the very tree, now centuries old, that To-san planted-it is because of these definite local elements that these tales are anchored firmly in the Korean consciousness. Any Confucian story might have occurred anywhere, in any age. Not so the Buddhist tale ; it names the spot and tells the day that saw the event take place and thus the interest is enhanced four-fold. Old Diamond Mountain carries the burden of as many tales of famous monks as it bears pines and the shoulders of old Hal-la Mountain are shrouded in as heavy a cloak of Buddhist lore as of driving mist from off the southern seas.

If we are asked as to the style and make-up of the

Buddhist story we can only say it is almost infinite in variety. What we may call the inner circle of Buddhistic philosophy seldom appears in these tales, but through them is constantly heard the cry for release from the bane of existence, and the scorn of merely earthly honors is seen on every page. Well indeed might the women of Korea be willing, any longer, to sink into some nirvana and forget their wrongs. Buddhism is consistent in this, at least, that from its own standpoint it acknowledges the futility of mere existence and says to every man, "Now what are you here for ? " There can be no manner of doubt that the pessimism of the Buddhist cult appeals strongly to the great mass of the Korean people.

The plots of the Buddhist tales are too long to give in extenso but a few points can be indicated. In many of the stories the Buddhist monastery is the retreat to which the baffled hero retires and receives both his literary and military education and from which he sallies forth to overthrow the enemies of his country and claim his lawful place before the king.

Then again a monastery in the mountains may be the scene of an awful crime which the hero discloses and thus brings triumph to the right. There is no witch nor wizard nor fairy god-mother in Korea. It is always the silent monk who appears at the crucial instant and stays the hand of death with a potent but mysterious drug or warns the hero of danger or tells him how to circumvent his foes. Now and again, like Elijah of old, a monk dares to face the king and charge him with his faults or give enigmatic advice which delivers the land from some terrible fate. Often a wandering monk is shown a kindness by some boy and in after years by mysterious power raises him to affluence and power.

In these days one never connects the idea of scholarship with a Buddhist monastery but the folk-lore of the country abounds in stories in which the hero retires to a monastery and learns not only letters but the sciences of astrology and geomancy. And not only so but even military science seems to have been commonly taught in these retreats. In fact there are few of these tales in which the hero is not taught the science of war as well as the arts of peace. No other source of information tells us so much about the status of the Buddhist monastery in the middle ages as these same stories. While in Europe the monasteries were repositories of learning and culture, in Korea they went still further and taught the science of war as well.

This, then, is the first and most important thing that Korean folk-lore has to tell us about Buddhism, namely its agency as a general educator. But in the second place these stories show the part that Buddhism has played in determining many of the phases of Korean life as seen today. Take for instance the penal code. The punishments inflicted on criminals are evidently copied from the representations of the Buddhist hell. Of course these, too, originated in the imagination and one may argue that the Buddhist hell was copied from the system of punishments in actual force in the country. Now we would expect to find, in any land, a gradual change in the forms of punishment during the centuries, but those in vogue to-day are such exact copies of the ancient Buddhist representations that we cannot but conclude that, even if the Buddhist hell was copied from actual custom, yet the crystallization of it into religious form has perpetuated the ancient and gruesome horrors and prevented the advent of more humane forms of punishment, commensurate with the general advance in civilization and enlightenment.

Another mark that Buddhism and Buddhistic stories have left upon the Korean is his repugnance to taking the life of an animal. To make blood flow is beneath the dignity of any decent man and though Buddhism has been politically under the ban for five centuries the butcher has, until very recently, counted with the Chil-ban or "seven kinds," which include mountebanks, harlots, slaves and sorcerers. Yet this repugnance to taking animal life does not prevent the most revolting cruelty to animals of all kinds. Were it possible within the limits of this paper, many other points might be cited showing how Buddhistic lore has tended to perpetuate ideas which are not only outside the Confucian system but virtually antagonistic thereto.

And this brings us to our next point, the antagonism between Buddhism and Confucianism. All during the Koryŭ dynasty, 918-1392 A. D., there was kept up a bitter fight between the adherents of the two cults. In those days no one was both a Confucianist and a Buddhist, as is the fashion today. There was a clear line of demarcation, and sanguinary struggles took place, in which Buddhism was uniformly successful. Yet there was always left the nucleus of an opposition, and in the end, when Buddhism had dragged the nation in the mire and made her contemptible. the Confucian idea came to the top and at one bold stroke effected, at least on the surface of things, one of the most sweeping changes that any people has ever seen, comparable with the French Revolution. Now this long and desultory struggle between the systems could not but leave indelible marks on the folk-lore of the people and a volume could be filled with tales illustrating in detail the success now of one side and now of the other. Once when the Confucian element prevailed and the Buddhist Pontifex was condemned to death he foretold that when his head fell his blood would run white like milk to vindicate his cause. It was even so, and his executors bowed to the logic of the miracle and reinstated the despised cult. Again a raven was the bearer of a missive to the King bidding him hasten to the queen's quarters and shoot an arrow through the zither case! He obeyed and found that his weapon had taken effect in the breast of the Buddhist High Priest, hidden behind it, who had taken advantage of the king's temporary absence to attack his honor. Then again there were wordy battles between celebrated exponents of the two systems in which the honors rested now with one side now the other. In one instance a test was made to see whether Confucian or Buddhistic principles were better able to control the passions. A celebrated Confucian scholar and a noted Monk were subjected to the seductions of a courtesan, with the result that Confucianism scored a notable victory.

So far as our limited investigation goes it would seem that in these contests between Confucianism and Buddhism Korean folk-lore gives a large majority of victories to the latter. This would indicate that Buddhism made far greater use of folk-tales to impress itself upon the people than did Confucianism. The latter is the more conservative and reasonable of the two cults but Buddhism chose the better or at least the surer part by capturing the imagination and monopolizing the mystical element which is so prominent in oriental character.

But the time came when Confucianism usurped the place of power and Buddhism went to the wall : by which we do not mean that the latter was destroyed or even that its hold up on the masses was really loosened : but Confucianism became the state religion, and the Buddhist priest became officially an outcast. From that time, five centuries ago, there has never been a blood feud between the two. Confucianism, having secured control of all temporal power, cared little what Buddhism did in the moral sphere. So we find that the two systems became blended in the Korean consciousness, in so far as the antipodes can blend. This also has left its mark upon Korean folk-lore. The longest and most thoroughly elaborated stories in Korea show Buddhism and Confucianism hand in hand. For instance a boy in the filial desire to save the life of his dying parent has a dream in which a venerable monk appears and tells him that in a certain monastery in India there is a medicine that will cure the patient. The Buddhist spirits waft him on his way, shield him from the dangers of the "Ether Sea" and bring him back to the bedside of his expiring parent just in time to save his life. We here see that the motive is Confucian, the action Buddhistic. The ethical element is supplied by Confucianism the dramatic element by Buddhism. Sometimes a story begins with Confucianism, drifts into Buddhism and thence into shamanism or even pure animism and then by devious courses comes back to its original Confucian type.

Such tales as these are extremely popular and the reason is not far to seek. The blending of the two ideas gives greater opportunity for the working out of a plot, the story is longer and more complete, while at the same time the dual religious sense of the Korean is better satisfied. If we leave this part of our theme at this point it is not because it is exhausted, but because a paper like this can hope to give at best only a hasty glance at a subject that requires a volume for its proper discussion.

We will pass on, therefore, to the shamanistic stories in Korean folk-lore. Under this head I include all tales which hinge upon shamanism, fetishism, animism and the like. In other words, the stories which appeal to the basic religious element in the Korean. Before he was a Confucianist, before he was a Buddhist. he was a nature worshipper. True enough the Buddhist monk could scare him with his pictures of a physical hell but it was nothing to the fear he had of the spirit that dwells in yonder ancient tree on the hill-side. The Confucianist could make the chills run up and down his back by a recital of the evil passions of the heart but it was nothing to the horror which seized him when in the middle of the night a weasel overturned a jar in the kitchen and he felt sure that a tok-gabi was at his weird work among the lares and penates. The merchant would not be moved by a Confucian homily on the duty of fair-dealing with one's fellow-men but he would spend all day spelling out a lucky day from the calendar on which to carry out a plan for "doing" an unwary customer. Countless are the stories based upon these themes. The spirits of the mountain. stream, tree, rock or cave play through Korean fiction like the fairy, goblin or genius through the pages of the Arabian Nights.

This portion of our theme is of greater interest than almost any other, for while the Buddhistic and Confucian systems are importations and bring with them many ideas originally alien to the Korean mind we have here the product of the indigenous and basic elements of their character. And yet even here we find an admixture of Chinese and Korean, as we do in every branch of korean life. After the lapse of so many centuries it is difficult to segregate the original Ko rean and the imported Chinese ingredients in these tales, but we may be sure that here, if anywhere, we shall come near to the genuine Korean. The number and variety of these stories are so great that we can give only the most meager description of them.

First, then, come the stories which are based upon the idea that animals can acquire the power to transform themselves into men. These are among the tales that children like the best. There was the wild boar that drank of the water that had lain for twenty years in a human skull and thus acquired the magic power to assume the human shape, but with this fatal limitation, that if a dog looked into his face he would be compelled to assume, on the instant, his original form. There is the story, common to China and Korea, of the fox that assumed the shape of a woman, an oriental Circe, and worked destruction to an empire. Now and again a centenarian toad assumes human shape and acts as valet to the tiger who is masquerading as a gentleman. A serpent turns into a beautiful maiden and lures a man to the brink of destruction but being thwarted, changes its tactics and infests his body with a myriad of little snakes from which he is delivered by the sparrows who pluck holes in his skin and let the reptiles out. In the list of animals there is a clear line of demarcation between the good and the evil. The fox, tiger, the wild-boar, the serpent and the toro are always bad while the dragon, the rabbit, the frog and the deer are always good, The tortoise, the bear and the badger are sometimes good and sometimes bad. As the tiger is the most destructive animal in Korea we are not surprised to find a great number of stories telling how he turned into a girl and came crying to the door of a house in order to lure out one of its inmates, for his supper. This is the favorite story with which to frighten unruly or disobedient children.

Many are the wonders worked by the tok-gabi, a sort of imp that delights to make trouble in the household. There is no Korean who will profess to have seen one or to have been personally cognizant of their pranks but at the same time there are equally few who do not know of somebody else who saw one or was the victim of its malice.

The Koreans believe that these tok-gabi are the spirits of wicked men which have been refused entrance to the place of the blessed and have no option but to haunt their former places of abode, or they may be spirits of innocent people who died by violence or under other painful circumstances and cannot go to paradise because they burn with a desire to avenge themselves. Sometimes they take the shape of a man, sometimes that of a man with the lower part of his body gone, sometimes that of a young man or a mad-man or a child. At other times it may be in the shape of fire or lightning or a crash like that of thunder or of breaking pottery. The reason why people believe them to be the spirits of men is because no one ever saw one in the shape of an animal.

Many stories are told of how these tormented spirits have leagued themselves with men, promising them that the unholy compact will bring riches and power. This corresponds closely with the witchcraft of the West. By the aid of these "familiar spirits" many a deed of darkness is said to have been committed. But the promises always fail and the man who sells himself to a tok-gabi gradually wastes away, his face becomes pinched and yellow and unless he breaks the compact and frees himself from the toils of his familiar, disaster is sure. Tales of this kind frequently tell the means that are employed to annul the compact and prevent the return of the evil spirit. The things he dreads the most are silver, the color red, and wood that has been struck by lightning. Many a man is believed to have broken the spell by hanging about his house long strips of cloth dipped in a red dye. This the spirit cannot pass, and after four days of waiting he departs, never to return. His dread of silver reminds us of the superstition prevalent in the west that in order to shoot a ghost one must load his gun with a piece of silver money in addition to the regular charge. When a tok-gabi attacks a man it always seizes him by the top-knot, so a little silver pin is often stuck in the top of the top-knot as a preventative. If a tree is struck by lightning the boys hasten to secure splinters of the wood to carry in their pouches as charms against the fiends. Then again, these imps figure as guardians of hidden treasure. Once a scholar became impoverished through a too assiduous application to his books and the consequent neglect of the more practical business of life, and wandered away as a beggar. Coming to a village where there was a haunted house from which family after family had been driven by the tok-gabis he declared his intention of taking possession. The first night he was rudely awakened by a load of filth being thrown upon him. The situation was anything but pleasing, yet he restrained his anger and quietly remarked that he understood how matters lay but was not to be frightened. Soon a ball of sulphurous fire entered the room and passed before his face but he contemptuously waved it off and showed no sign of fear. Thereupon an aged man entered and said, "You are the man I have been waiting for. I was the trusted servant of the man who built this house and even after he died I guarded the chest of silver which he had hidden under that house-post yonder. I died with the secret on my mind and could not leave the place till the money was delivered into the hands of a good man. So in the form of a tok-gabi I have been compelled to guard it till you came. Now I can go in peace, for my work is done." So he vanished. The wondering scholar dug beneath the post and was rewarded with fabulous wealth.

This meddlesome sprite is a sort of Korean Puck and any casualty whose explanation is not patent is attributed to his malevolent influence. One of his favorite pastimes is to bewitch the rice-kettle and make the cover fall into the kettle. Now a Korean kettle cover is always a little larger than the mouth of the kettle and so this superhuman feat is attributed to the tok-gabi. It is easy to see how this tale originated. At some time or other a kettle cover was made only a very little larger than the mouth of the kettle so that when the kettle expanded under the heat, the mouth became wide enough to admit the cover which was as yet cold. Then the cover became warm and refused to come out. So it is that the lack of a little knowledge of physical law has invested the tok-gabi with wide powers. In Korean stories the tok-gabi seldom plays the leading part. but he flits in and out and adds the spice of mystery to the plot.

Fetishes exercise a powerful influence over the common people. The bunch of straw over the door, the rag tied on a sacred tree, a stone thrown on the heap in the mountain pass, the kabbalistic sentence which wards off disease, the dead rat with the name of one's enemy written on its belly and placed beneath the enemy's bed in order to destroy him, —these and scores of other fetishes play their part in Korean folk-lore, spurring on the imagination and giving piquancy to otherwise tiresome tales.

Prominent among the animal stories are those of the Uncle Remus type, where it is very commonly the rabbit who outwits his stronger enemies; as for instance where the wicked tortoise, who was seeking a rabbit's liver to cure the Sea king with, induced a rabbit to mount his back, promising to take him to an island where no hawk ever was seen ; but when the rabbit was midway in the channel the tortoise told him his fate, whereupon the rabbit laughed and said that all rabbits had removable livers and that he had taken his out and washed it and laid it on a rock to dry, but that the tortoise was welcome to it if he would go back for it. So the rabbit got safely back to shore and had a good laugh at the expense of the amphibian. The fact that the plot is a little far-fetched does not harm it in the least in the Koreans' eyes.

Spirits are everywhere and are likely to turn up at any corner. Even door-hinges and chop-sticks may be the abode of spirits who have power to change a man's whole destiny. As a rule these spirits seem to be on the lookout for someone to insult them or trample on their rights, and then their revenge is sweet. And yet we have numerous stories in which good boys or girls have been aided by them. These tales deal with the lowly and common things of life and it is here that Korean humor shows itself to best advantage. Such stories as this probably outnumber all others combined, but as they are generally only anecdotal in character their actual bulk might be less. But this can never be determined, for such stories as this are seldom put in print. Their influence is enormous, and it may be said with considerable confidence that they define the actual religion of far more Koreans than do the more resounding titles of Buddhism and Confucianism. One would think that the spirit worship of the Koreans must be something like that of the ancient Hellenes before the elaboration of their mythology into a definite pantheon. If the Koreans had been left to themselves, we must believe that they too would have developed some such pantheon, but the rival cults from the other side of the Yellow Sea came in and preoccupied the ground. And yet in spite of the long centuries that have passed since then, we find the Koreans today worshiping these same spirits of the grove, the rock, the mountain, with a fervor that neither Buddhism nor Confucianism can arouse.

A marked difference between Korean and western wonder-stories is that in Korea the genuine fairy does not exist. It is a grievous lack. A people without a Titania or an Ariel are surely to be pitied. The Korean imagination has never evolved those gossamer beings whose every act is benevolent and who are personifications of charity. At the same time a similar feature is found in Korean folklore under a different form. as is illustrated in the case of the two brothers one of whom was good but poor while the other was rich but bad. The good brother found a bird with a broken leg. He took it home and cared for it till it was well and then let it go. Soon the bird returned with a seed and laid it in its benefactor's hand He planted it and it grew an enormous gourd which turned out to be full of gold. The bad brother thought to do the same, so he caught a bird and broke its leg and then kept it till the leg was well. Sure enough, the bird came back with the seed and a gourd grew from it. larger even than his brother's, but when it was opened it poured out a flood of filth which destroyed the wicked brother's house and all he had.

But we must hasten on to our third heading-the legends of Korea. Under this term we include all supernatural or extra-natural incidents believed by the credulous to form a part of the history of the country. These stories are always short and pithy and are more truly indigenous than any others. This is only what we would expect, since they deal exclusively with Korean history. But apart from this fact there is something about them that separates them from the legends either of China or Japan. They are mostly of great antiquity, in many cases antedating any considerable Chinese influence, which may account in part for their distinct individuality.

And first, of course, we must speak of the legends which tell of the origin of kingdoms and of their founders. We find upon examination that the egg plays the most important part in the origin of ancient heroes. To be sure, Tan-gun, the most ancient of all, had an origin quite unique. A bear by patiently waiting in a cave was transformed into a woman. She became the bride of Whan-ung, the spirit son of Whan-in, the Creator, and their son was Tan-gun, contemporary of Noah. But the founder of the great southern kingdom of Silla, 57 B.C., came forth from a gigantic egg found in the forest. The founder of Ko-gu-ryŭ the northern kingdom came from an egg of semi-supernatural origin. Suk T'al-ha one of the early heroes of Silla came from an egg which floated in from northern Japan in a fast-closed chest. The legend of the three sages of Quelpart is different. They arose from a crevice in the rocks. The founder of the Koryŭ kingdom had for mother a daughter of the Sea-King, the Korean Neptune. The father of the founder of Koguryŭ was found beneath a stone and he was golden in color and shaped like a frog, so they named him Keum-wa or "Golden

Frog." The wife of the first King of Silla came forth from the side of a hen, beside the "Dragon Spring." Cases are thus multiplied in which heroes have been credited with superhuman origin.

Closely connected with these stories are those which deal with the omens and signs that heralded the coming of momentous events. Propitious ones were seldom foreshadowed excepting in dreams. There is hardly a great man in Korean history since the tenth century with whose birth tradition does not connect a dream, foretelling the happy event. Heroes themselves before attaining fame had dreams, announcing the approach of greatness. The founder of the present dynasty is said to have dreamed in his youth that he saw a running sheep whose horns and tail suddenly fell off. This afterwards was interpreted to mean that he would become a king for the character for sheep is 羊 and if the horns and tail are dropped it becomes 王 or *King!* Yi Sun-sin, the great admiral who, with his "Tortoise Boat, drove back the Japanese reinforcements in 1592, was assured of future greatness by one of his friends who dreamed that he saw some men trying to cut down a great tree but Yi Sun-sin came along and with one hand held the tree up while with the other he drove off the vandals. The father of Wang-gön, founder of the Koryū dynasty, dreamed that he saw a young pine tree growing and under it a child with a scale like a fish-scale growing on the back of his neck. When he awoke he saw a monk, the great To-sun, who congratulated him saying that he would be the father of an illustrious son, for the boy in the dream was none other than the offspring of a dragon that lived in the sea off the island of Kang-wha. Before the Japanese invasion King Sun-jo dreamed that a woman came into the palace bearing on her head a sheaf of rice. The great scholar Yul-gok, on hearing of it, exclaimed "You must prepare for war ; for the character 倭 means Japanese and is composed of 人= 'man,' 禾='rice in sheaf*' and 女= 'woman' and as the 'sheaf of rice' is over the 'woman' it means that the 'small men' are coming, namely the Japanese." A maiden dreamed that she saw a dragon enter her father's ink-water-bottle and when she woke up she concealed the bottle and kept it until she was married and her son had attained the age when he must try the government examinations. She gave him the bottle and said "Use this when you write your essay and you will gain great honors. He did so and through the aid of the dragon passed successive examinations, until at last he became prime minister.

As a rule the signs which fortold future events were ominous. It is a mark of all semi-civilized peoples that fear is the main element in their religion, and this fear has made them quick to detect the signs of coming evil. Before the kingdom of Päk·che fell, imps flew through the palace corridors screaming "Päk-che is fallen, fallen," and then dived into the earth. Digging at the point where they disappeared, the king found a tortoise on whose back was carved the words "Silla's sun has just risen, Pak-che's is at the zenith, which meant that the latter was about to wane. Before Ko gu-ryā fell, tigers came down from the mountains and wandered in the streets of the city. The fall of Silla, the Japanese invasion and many other calamities have all had their forerunners. Among these baleful signs must be mentioned the waters of the streams or of the sea turning red like blood. meteors and comets, eclipses of the sun, abnormal births either human or animal, a white fox crossing the road in front of one, a shower of insects, thunder in the winter, fruit trees blossoming late in the autumn, a white how piercing the sun, red snow, wailing sounds coming from royal tombs, the blowing down of city or temple gates, clouds fighting with each other, frogs destroying each other, frogs' eyes turning red and fiery ; all these and many more are repeatedly met with in Korean legends. It is of interest to note how closely many of these signs resemble those which were dreaded by the Ancient Romans, for instance as given in Shakespeare's tragedy of Julius Caesar. Of course such things as earthquakes or other cataclysmic phenomena might easily be interpreted as omens by widely separated people but others are not so easily explained, such as the roaming of wild animals through the street. Among signs which predict good fortune the most. prominent are the meeting with a white deer or a white pheasant, or the finding of a two-stemmed stalk of barley.

Prophecy plays an important part in Korean legendary lore. Of course it is all "ex post facto" prophecy. and yet the Korean people still cling to it. Most of the leading events in Korean history since the tenth century are found to have been foretold at some time or other. There does not seem to have been any prophetic office, but now and again a monk or a scholar has been moved to tell his vision of the future. One of the most celebrated of these was the monk Mu-hak who at the time the present dynasty was founded opposed the building of the palace at the site of the Kyŏng-pok-kung, affirming that if it were done a great calamity would overtake the land in just two hundred years. This is supposed to have been uttered in 1392. and the year 1592 beheld the Japanese invasion. The occurrence of the invasion precisely two centuries after the founding of the new dynasty evidently seemed too tempting an opportunity to let slip for making a startling prophecy.

When anyone doubts the genuineness of these prophecies the Korean points to that one which still stands waiting fulfillment, that this dynasty will be followed by another, whose capital shall be at Kye-ryong San. This prophecy has existed, they say, since far back in the days of the Ko-guy dynasty. Curiously enough there is another prophecy which says that if this dynasty passes its 500th anniversary it will be perpetual! A few years ago when that crisis was on, considerable uneasiness is said to have existed among leading Koreans on account of that prophecy. The latest one to come to light affirms that "when white pines grow in Korea the south will go to the shrimp and the north to the Tartar. The "white pines" are interpreted as telegraph poles while the shrimp means Japan and the Tartar means Russia. When the monk Mu-hak pointed out the town of Han Yang as the site of the capital of this dynasty, he ascended Sam-gak Mountain and looking from its top toward the south exclaimed, "I see South Mountain (Nam-san) ten li away which is a sign that if the capital is founded here no official will be able to hold power more than ten years. I see rapids in the river at intervals of three li, which is a sign that no family will be able to retain its wealth more than three generations.

When the monk To-san in 918 A. D. ascended Song-ak Mountain and chose the site of Song-do for the capital of the Koryo dynasty he made a mistake, for the next day he ascended it again and saw to his dismay that the distant peaks of Sani-gak Mountain back of Han Yang had shot up in a single night so that they became kye-bong or "Spy-peaks" upon Song-do; and from this he prophesied that within five centuries trouble would arise from that source. So twelve brazen dogs were set up outside the gate of

Song-do which, for four hundred and seventy-five years, barked at the "Spy-peaks," but to no avail. But space does not permit us to multiply examples. Those given here indicate with sufficient accuracy the style of Korean prophecy.

During the entire history of Korea twenty-one capitals have been founded, and the legends connected with these events are very fascinating. The most of them, as we have seen, center about Song-do and Seoul but ancient Kyöng-ju, P'yŭng-yang, Pu-yu, Ch'un-ch'ŭn, Kwang-ju and others are also embalmed in Korean.folk-lore. In the founding of Seoul we find the clashing of Buddhistic ideas in the dispute between Mu-hak and the courtiers of King T'io. In the end the Buddhistic element seems to have won, perhaps because, before that time, all such things had been left to monks and the new order was not sufficiently well established to depart from precedent. These stories could have little in common with the utilitarianism of the Confucianist, and so all that is occult, mysterious, supernatural or infra-natural finds its genesis in Buddhism, fetishism or Shamanism.

Another style of legend deals with important crises when supernatural aid was rendered. When Chu-mong the founder of Ko-gu-ryŭ fled from Pu yŭ in the far north to escape from the scourge of his brothers' hatred he came to a river where there was neither bridge, boat nor ford. He shot an arrow into the water and a great school of fish rose to the surface and placed back to back to form a bridge for him to cross. Thus he escaped. When the capital of Silla was attacked by wild natives of the north and was about to fall, strange warriors appeared who had ears like bamboo leaves, and the savages were speedily put to flight. The next day the King found his father's grave strewn with bamboo leaves and so he knew that spirits had come forth to help him in his dire need.

When the Japanese, during the great invasion, attempted to dig open the grave of Ki-ja they heard the sound of music coming from the ground and fear compelled them to desist. This theme of warnings proceeding from royal tombs is a favorite one in Korean lore. When the same invaders attempted to desecrate the grave of the founder of this dynasty the reeds which grow thick about it turned into armed warriors and drove the Japanese away. The Kings of Angnang had a drum which sent forth of its own accord an ominous wail whenever an enemy was about to attack the border.

As in every other land, the battlefields of Korea form the background for many a thrilling tale. When a Ko-gu-ryŭ army went north to attack Pu-yŭ they heard the sound of clashing arms in Yi-mul forest. The leaders pushed forward and found swords and spears wielded by invisible hands. The omen seemed a favorable one. They seized the weapons and with them overthrew the enemy. When rebels attacked Kyŏng-ju a star fell in the city, which was an omen of destruction, but the stubborn general, defying even the fates, sent up a kite with a lantern attached to its tail. The rebels thought it was the star returning to the sky, and so decamped.

At one time or another almost every foot of Korean soil has been the scene of battle and the stories of wonderful marksmanship, heroic daring, gigantic strength, subtle stratagem, inventive genius, intrepid horsemanship, hairbreadth escape by field and flood are among the commonest household words of Korea. Such is the story of the battle in which the leader of a piratical band was killed by Yi T'a-jo who ordered his lieutenant Yi Chi-ran to shoot off the helmet of the robber. Yi T'a-jo's arrow followed the other and smote the enemy in the eye as the helmet was displaced. Memorable too is the stratagem of Yi Sun-sin who, when surrounded by the Japanese, hung men's clothes on bamboo sticks and placed them along the hill-tops. thus making the enemy suppose that he had a powerful force and so raise the siege. Who shall worthily sing the praises of Yi Yŭ-song whose virtue was so great that Japanese bullets flattened against his body and fell harmless to the ground ; or of Kwak Ch'ae-u, called "The General of the Red Robe," who today would be falling upon a body. of the enemy in Chul la Province and tomorrow would take breakfast in Kyong-ju a thousand li away, because he had power to "wrinkle the ground. " He would make the ground contract before him, and after he had taken a few steps, expand again, to find that he had gone a hundred li. Others had power to leap over a house or to become invisible. Many are the deus ex machina, like these, whereby men have been saved from seemingly desperate situations. Time would fail us to tell of the exploits of famous captains, monks, bandits and corsairs whose names are enshrined in Korean lore.

Women too come in for their full share of attention, from the time of Yu-wha the mermaid princess and mother of Chumong down to the time of Non-gă, the dancing-girl patriot, who seized the Japanese general, her enforced paramour, and threw herself and him from the battlements of Jin-ju in the days of the great invasion. Most noble among the women of Korea was the queen of the last king of Pák-je who, upon the approach of the ruthless enemy, led her maids to the top of a beetling precipice and threw herself into the water far below rather than to suffer indignity at the hand of the Silla soldiery. That precipice is today called Nak-wha-am, or "Precipice of the Falling Flowers," a name which, alone, would prove the existence of a poetic faculty in the Korean.

Tongman the first woman ruler in Korea divined from the fire in the frogs' eyes that Pak-je invaders had already crossed the western border of Silla. Se-o the faithful wife followed her husband to Japan on the flying boulder and became a queen, and she wove the magic silk on which the King of Silla sacrificed and brought back the light of the sun to his dominions which, upon the departure of Se-o, had been stricken with Egyptian darkness. There was, also, the dancing girl in P'yŭng·yang, the Korean Judith, who during the occupation of that place by Hideyoshi's army brought her brother over the wall at night to smite off the head of her captor who always slept bolt upright at the table with a sword in each hand and with only one eye closed at a time! Even after his head had rolled upon the floor he arose in his place and hurled one of his swords with such tremendous force that its blade went cleave through a massive wooden pillar.

There are stories of women notorious for their wickedness, as for instance the princess of Ang-naug who married a prince of Ye-mäk. Her husband came to live at the Ang naug court, where, in a closely guarded building, there hung a drum which would give out muffled sounds, without being touched by mortal hands, whenever an enemy was about to attack the frontier. The prince knew that his father, the King of Ye-mak, was going to attack Ang-naug: so he induced his wife, the princess, to gain access to the bell-house and slit the head of the drum with a knife. Soon after, messengers hurried in saying that Ye-mak forces had crossed the frontier, but the King laughed at them saying that he had not heard the drum, and so it could not be true. Too late it was found that the drum had been cut. The prince had already fled to the enemy but the princess was forced to confess her sin and was killed just before Ang-uaug fell beneath the Ye-mak sword.

A fruitful source of Korean legends is the wisdom shown by prefects and governors in the solving of knotty problems of jurisprudence. These stories, too, bear witness to the rich fund of humor which lies back of the Korean temperament and which keeps the Korean cheerful and patient through centuries of what shall we say? anything but ideal government.

A boy accidentally shot his parent and came weeping to the prefect, who could not make up his mind to execute the rigors of the laws upon him until the prefect's child, coming in, asked the cause of his father's perplexity and, being told, exclaimed, "The boy must be killed. If his heart had been right he would not have waited for you to punish him ; he would have killed himself. His tears are only to excite your pity." So the boy was executed.

A father dying left only a hat, a pair of shoes and a roll of paper to his infant son and gave everything else to his daughter, who was fourteen. When the boy came to maturity he asked his sister to share the money but she refused, and drove him away with nothing except the hat, shoes and paper. A friend advised him to appeal to the magistrate, He wrote out his plea on the paper and, putting on the hat and shoes, without which no petitioner could enter the magisterial presence, he went to the governor's yamen. When he had told his story the governor laughed and said, "Certainly you shall have just-ice. It is evident that your father knew the avaricious nature of his daughter and foresaw that she would spend the money before letting it pass to her brother, so he gave it to her to hoard under the supposition that it was hers, but he gave you the hat and the shoes to wear and the paper whereon to write out your accusation against her. I decree that she shall turn over the entire fortune to you, as was evidently your father's intention."

A valuable brass bowl had been stolen. The thief was doubtless one of twenty or thirty men, but which one it was impossible to tell. The prefect called them all in, on some pretext or other, and after talking about indifferent subjects dismissed them. As they were passing out the door with their backs turned to him he shouted "Where is that bowl?" The thief, taken by surprise, lost his presence of mind and turned like a flash toward the prefect and thus betrayed himself.

A cow's tongue was cut off by someone in the night and the prefect, after keeping the cow all day without food, called all the town people together and forced each one to offer the cow some beans in a trough. The cow greedily ate from each one until at last a boy came up, whereupon the cow plunged as if in fright. So the prefect knew who the culprit was. The boy confessed that he had done it because his sick mother had asked for cow's tongue to eat and he had no money to buy one with. The prefect paid for the cow and gave it to the boy for food.

Two men got into a dispute over the ownership of a long pipe. The prefect said, "Before taking up this case let's sit down and have a smoke." He offered each of the men a pipe of medium length. As they smoked the prefect saw that one of the men held his head erect and sat back straight while the other would bend his head or lean forward and smoke. So the prefect said, "There is no use in troubling about this case. I know which of you is the owner. A man who is accustomed to use a long pipe gets accustomed to sitting up straight. otherwise he could not smoke with comfort." So the real owner was discovered.

A countryman was standing at Chong-no looking about him, with a fine yellow dog-skin under his arm. A sharper came along, backed up to the countryman and got one end of the skin under his arm. When the countryman started on the sharper exclaimed, "What are you doing with my dog-skin?" The countryman insisted that it was his. The matter came before the magistrate, who took the skin in his hand and folded it so that the head did not show. When each man had told his story the prefect looked thoughtfully at the skin and, without addressing either man in particular, said "That's a rather nice skin but why did you slit one of the ears? The sharper hastened to answer, "Oh, that was done about two months ago in a fight." The real owner said, "Why, no, the dog's ear is not slit--at least not to my knowledge." The prefect handed the skin to its proper owner and then said to the sharper, "How comes it that if your dog's ear was slit this one is not? I think you need a few weeks in the chain-gang.

A hunter was chasing a fox and had wounded it severely in a few moments more it would be his but a dog came out of a yard and caught the fox. whereupon the owner of the dog claimed the animal. The prefect said, "It is evident that the hunter was after the animal's skin, whereas the dog was after its flesh. Let each have what he sought."

Such are a few of the anecdotes told of the Solons of Korea and from these the whole of this class of stories may be judged. They often evince a keen knowledge of human nature and they abound in a dry kind of humor which renders them not the least interesting part of the repertoire of the Korean story-teller.

Fascinating though the realm of legend may be, we must hasten on to speak of Korean myths = and here we take the word in its strict meaning, namely some extra-natural origin of a natural phenomenon. At the very start we must say that the Korean imagination has never proved large enough or buoyant enough for those grand flights of fancy which produced the enchanting myths of Greece. Nor has it been virile enough or elemental enough to evolve the hardy heroes of the Norse mythology. The Greek. Roman and Scandinavian pantheons were filled with figures that looked gigantic and awful while in Korea almost all superhuman or extra-human agencies seem, somehow. less than man ; sometimes craftier, often stronger. but seldom nobler or worthier. So, instead of giving us a Phoebus Apollo to lead out the chariot of the sun to run his daily course across the sky, the Korean gives us the reason why bed-bugs are so flat.Instead of fancying that the cirrus clouds are flocks of sheep feeding in the ethereal pastures the Korean tells us why sparrows hop on both feet while magpies put one foot before the other. Greek mythology is telescopic : the Korean is microscopic. If you want to know the origin of fire, of the procession of the equinoxes, of echo or of lightning you must seek it in the Greek mythology but if you want to know how it comes about that the ant has such a small waist or why the louse has a black speck on his breast you must consult the Korean, To the West, form is everything and detail is but secondary while to the East detail is all important and form is but the background for its display.

A very few samples of mythological stories will suffice. Let us ask why it is that the crab walks backwards and the angleworm has no eyes. The Korean will tell us that in dim antiquity this was not true, but that the crab was blind and had a black band around his body while the angleworm had eyes, But, as it happened, a crab took to wife an angleworm and, not long after, suggested that as he was the provider for the family, his wife should lend him her eyes in exchange for his black band. She did so. with the result that the treacherous crab soon after sued for a divorce and obtained it. The angleworm asked to have her eyes back but the crab refused. She then attacked him so furiously that he backed away. She pursued and kept him backing so long that he formed the habit and has never gotten over it.

The flies and sparrows had a quarrel and agreed to arbitrate. The governor of Py'ăng Au Province was the arbiter, The flies charged the sparrows with stealing rice and building their nests under the eaves and quarrelling all the time. Without waiting to hear the other side the governor ordered the sparrows to be beaten on the legs. As the blows began to fall, the sparrows hopped up and down and begged the governor to wait till he had heard the other side. He complied, and the sparrows charged the flies with entering the house and defiling the food, and with laying eggs in the rice and destroying it. The governor thereupon ordered the flies beaten : but they begged so piteously, rubbing their hands together the while, that the governor let them off. He decreed however that in memory of the trial the sparrows should for ever hop on both feet instead of walking properly and that wherever flies alight they must rub their hands together!

In like manner' Korean lore tells why flounders have the two eyes on the same side of the head, why the shad fish has so many bones, why the moon has on it the picture of a tree with a rabbit beneath it. why sorghum seeds are enveloped in a red case. why clams are simply birds that have fallen into the sea, why hawks are like policemen, how the octopus and the serpent had a lawsuit in which the serpent lost. and had to give up his four legs to the octopus who before that time had enjoyed only four. how the angleworm had his legs all taken away and given to the centipede--these and many another quaint and curious freak of nature are explained to the satisfaction of the Korean, at least.

So far we are able to classify roughly the different types of Korean folk-tales. but outside of these limits there is a whole realm of miscellaneous fiction so varied in its character as almost to defy classification, and we are able to enumerate only individual types. If I were allowed to classify arbitrarily I should include under one head all those stories which draw their inspiration from the workings of human passions. Of the love story, pure and simple, as we know it in the west, Korean folk-lore is entirely innocent Social conditions which prevent all communication between men and women of a marriageable age sufficiently account for this : and it may well be that this limitation along the line of legitimate affection is to blame for a very wide range of popular literature which could not be discussed with propriety.

Love between man and woman is a thing seldom spoken of among respectable Koreans.

Prominent among the stories of human nature I should place those which have for their motive the passion for revenge. Without doubt the prevalence of this type springs from a state of society in which even-handed and blind-fold justice finds no place : in which the principle that "to the victor belongs the spoil". applies equally to political, industrial and social life. It is a state of society in which influence or, in vulgar language, "pull" is the chief asset of the politician, the merchant or even the coolie. In such a condition of things the passion for revenge finds daily and hourly food to feed upon. and we see a clear reflection of it in the folk-tales of the Korean.

A woman has been robbed of her ancestral burying ground by the prefect. and she is told by a fortune-teller that she will be able to secure revenge when she shall succeed in making one egg stand upon another without falling off. She spends years in the attempt, while all the time : her wrath burns hot within her. One night the King of Korea, masquerading like Haroun al Raschid of old, peeped through a window and saw an aged woman attempting, time and again, the impossible feat. As he looked, the woman suddenly saw her desire fulfilled. One egg rested on the other and did not fall off. The King demanded admittance and after hearing the whole story gave her revenge.

A young girl whose father and brother have been wrong fully done to death by the prime minister, retires to a mountain retreat and practices the sword-dance for years with the settled purpose of thus securing the opportunity to kill the prime minister's only son, and so cutting off his line. Mean- while that son has been disowned by his father and wanders away among the mountains where he finds the girl. Neither knows the other, but in time they wed, the girl reserving the right to carry out some dread fate of which she does not tell him . When the time comes for her to go, it transpires that her husband is the very man she has vowed to kill. The husband casts off his father's name and takes her father's name, and all comes out right.

A young man mistakenly thinks that he has been grievously injured by a high official. In disguise he secures a position in the household of his intended victim and becomes a confidential servant. As he sees the wished-for day approach, when he can secure his revenge, his master reads his secret in his face and at night puts a manikin in his own bed while he himself hides behind a screen. He sees his would- be murderer enter knife in hand and drive the steel into the supposed body of the official and then escape. The next day, in a most skillful manner he gets the boy back, shows him his error and reinstates him in his old place as if nothing had happened. And all without any of the other members of the household suspecting that anything has happened.

Korea also has its stories of detectives and their wiles. The Korean custom of sending government detectives to the country to spy upon governors and prefects and to right the wrongs of the people, forms an easy hook upon which to hang many an interesting tale. These are crude compared with the complicated plots of the West, and yet now and again situations occur which would do credit to Sherlock Holmes himself. In the human heart there is a passionate love of justice. In the end the right must prevail. The Koreans evidently think so, for though there are tragedies enough in actual life there are none in Korean fiction. Things come out right in the end. The Korean may be much of a fatalist but he is not a pessimist. His fatalism is of that cheerful type which takes things as they come. We may rightly say that the comic muse fills the whole stage of Korean drama. It is the villain only who gets killed off.

This craving for justice amounts to a passion, perhaps on the principle that things that are least accessible are the most desired. This feeling has expressed itself in a multitude of stories in which justice, long delayed, has at last been done; justice between King and subject, father and son, friend and friend, master and servant. The Korean story-teller has the same penchant for getting his hero into hot water in order to show his (the teller's) cleverness in getting him out that prevails in western lands. Fortunately in Korea he always gets out, while in the so-called realism of the West the poor fellow is often left suspended over the coals.

Stories based upon the passion for fame generally take a literary turn. They cluster about the great national examinations. The enormous influence that these examinations have exercised on the life of the Korean is shadowed forth in countless stories relating to the open strife of the competitors, their attempts to cheat or bribe the examiners, to substitute spurious manuscripts, to forge names, if by any means whatever they may arrive at the Mesa of official position. And right here comes out the relative status of literary and military life. The literary man is distinctly above the military. No fame is sufficient that rests only on military success. There are a few exceptions but they are very rare. All Korean fiction goes to prove that military glory is thrust upon a man, while it is only literary fame that he eagerly seeks.

Avarice, too, is one of the chords which is struck in Korean tales, but it is usually only as a secondary theme. Rarely is a story devoted exclusively or even mainly to the illustration of this passion. The Koreans are too happy-go-lucky and they have too great a contempt for niggardliness to make the sordidly acquisitive faculty a pleasing theme in fiction. On the other hand the tales of generosity and self-sacrifice, of prodigal and reprehensible extravagance are common enough, for they fit the spirit of the people and go hand in hand with their optimism.

For instance a lad goes forth to seek his fortune. He comes to a village and there finds another boy weeping because he has no money to bury his parent with. Our hero gives the unknown lad every cent he has in the world and then fares on, a beggar. Of how he tramped up and down the country and finally came to the capital of Silla and became a general, of how the Ye-mak enemy had in their ranks a veritable Goliath, of how our hero went and challenged him, only to find that he was the man whom, as a boy, he had helped with his last cent, and how a happy peace was consummated -all this forms the kind of story the boys and girls of Korea can listen to by the hour, and ask for more.

Of course we would expect that the peculiar customs of the country would be enshrined in the folk-lore. Nor are we disappointed. The unique stone-fight, the tug-of-war, the detestable custom of widow-stealing and the still more horrible custom called po-sam which was veritable murder, committed for the purpose of forestalling the prediction of the fortune-teller that the bride would soon become a widow, the wiles of the ajun or hereditary hangers on at country prefectures who are looked upon much as Judean publicans, or tax-gatherers were in the days of the Christ; all these themes and many more, based on peculiar Korean customs, swell the volume of Korean folk-lore

Another class of stories depend for their success upon some startling surprise, some drop from the sublime to the ridiculous. One of the first of these is the story of the man who found a monstrous stone Buddha in the woods. From a fissure in its head a pear tree grew and on the tree hung a pear as large as a man's head. Such a prize was worth risking life and limb for. Clinging to the bushes that grew from crevices in the ancient image he succeeded in reaching its neck. A wild grape vine afforded him the means to get over the projecting chin but still the nose hung out over him and seemed to bar the way effectively. The only thing to do was to climb up one of the nostrils hoping to find a passage through to the top. All went well until he reached the point where the nostril narrowed, when suddenly a terrific blast of wind came down the orifice and a veritable earthquake shook the image to its foundations. His last thought as he was hurled through the air to certain death on the rocks below was this "The god has sneezed." He landed in a clump of bushes and did not regain consciousness till late in the afternoon when he found to his joy that the same convulsion had shaken off the pear and that it lay at his feet. So he went on his way rejoicing.

It is natural that a land as old as this should be filled with relics of other days and that they should be surrounded with a halo of popular veneration. Even though many of these relics are now lost like the "Holy Grail" yet the stories remain. There was the "Golden Measure" of Silla and the pair of faded flutes that could be sounded only in Kyŏng-ju, their home There was the magic stone in which one could look and dis- cover the nature of any disease. There was the magic robe that would render its wearer invisible and the "King Stone" from which the ashes of cremated Kings of Silla were cast into the Japan sea. Then there are stories connected with the dolmens which are found all over Korea, but whose origin no one seems to know.

Among the miscellaneous tales are those which tell of the introduction of various things into Korea, or their invention. St. Patrick drove the snakes out of Ireland but Yun-san-gun introduced them into Korea. He wanted a few to keep under his head ; but as there were none in Korea he sent to India and secured a boatload. As they were being unloaded some of them escaped, and ever since there have been snakes here. We also have stories about the introduction of tobacco, ginseng, bomb-shells, muskets, and musical instruments, some of which came from Japan and some from China, while others were of native invention. One curious tale tells how the Korean alphabet was formed from the lattice work of a Korean door, another one how the Koreans came to wear the remarkable, broad-brimmed hats, as a preventative of conspiracy !

In closing it is necessary to mention the matter of comparative folk-lore and its relation to Korean folk-lore. The present paper is simply an attempt to give a brief outline of the general style and contents of Korean lore, but beyond that, and more important still, is the relation between the tales of Korea and those of other lands. Here, of course, lies the scientific value of such a study. We want to know the affinities of Korean folk-lore, what elements it borrowed and what elements it lent. It would be quite impossible to attempt such a discussion in this paper, but that it will prove a most interesting field of investigation can be shown in a few words. We find in Korea native stories that are almost the exact counterpart of that of Cinderella, which is such a common theme in almost all European countries, of Ali Baba and the Forty Thieves, of the Uncle Remus stories in which the rabbit outwitted other animals, of Haroun Al Raschid and his nightly peregrinations, of Jonah and the whale, of Red Riding Hood, of Aladdin's Lamp, Sinbad the sailor, and many another type familiar to the scientific folk-lorist of the West.

(*Transactions of The Korea Branch of The Royal Asiatic Society*,
Vol. 2. – Part 2. 1902)

II.

James Scarth Gale
(1863-1937)

1. A FEW WORDS ON LITERATURE.

Literature like ancient Gaul may be divided into three parts ; pictorial, musical, mathematical.

Descriptive literature is picture painting. True poetry, whether it be in prose or verse, is music. Argument. disquisition and law hang on the axiom that two and two make four and these we may style mathematical. Pictures, music, mathematics.

Now compare our pictures, music, and mathematics with that of the Korean and it seems to me it will give an idea of how widely our style of literature differs from theirs.

1) In pictures,

we fill out in detail, everything must be put in. We think details give clearness. The Korean looks at it mystified and says if he only had a microscope to see what it is. With his pictures so in his descriptive literature he prefers suggestion and outline to a full statement. It is also for this same reason that he uses the interrogative for a strong affirmative. It suggests the affirmative and to suggest in his mind is stronger than to state fully. The Chinese classics are all done in outline only, being hints and suggestions of the subject to be taught, not the subject itself. Those of you who have looked into the Book of Changes the greatest of Chinese classics. will be struck with this fact. I read you a translation of the first three lines of the first hexagram.

"In the first line undivided is the dragon lying hid: it is not the time for active doing.

In the second line undivided the dragon 'appears in the field. It will be advantageous to meet the great man.

In the third line undivided the superior man is active and vigilant all the day and in the evening still careful and apprehensive Dangerous but there will be no mistake."

Giles calls it a fanciful system of philosophy; most foreigners say the book is madness. Confucius says "Through the study of the Book of Changes one may keep free from faults or sins." Evidently it meant something to Confucius that it does not to the foreigner. It is made up of far off hints and suggestions in which the oriental sees meaning and which style of literature he specially loves.

We are given to realistic painting. Our pictures must say exactly what we mean, nothing more, nothing less. The Korean is not so, the presence of a flower or sea-gull will suggest numberless thoughts many *li* distant from the object itself. I happened on a song which translated into English doggerel runs thus :-

(Absent husband inquiring of a fellow-townsman newly arrived)

Have you seen my native land?
Come tell me all you know;
Did just before the old home door
The plum tree blossoms show?

(Stranger answers at once)
>They were in bloom though pale 'tis true,
>And sad, from waiting long for you.

"What does he mean by plum blossoms ? I do not-see how they could grow sad waiting for anyone." You poor drivelling creature was the reply "he does not mean plum blossoms at all: he means, " did he see his wife as he passed by? "She was pale and sad from waiting" was the answer. The form and beauty would have all been lost to have asked for his wife straight out.

The oriental mind whether possessed by literati or coolie is cast in the same mould. They all think alike in figures, symbols, pictures. For this reason I believe that allegory and suggestive literature must have a special place with them.

2) Music:-

Our style of music is meaningless as yet to the native. As far as sound and expression goes he thinks "Gwine Back to Dixie" a better hymn on the whole than "Rock of Ages." But there is a music that we have, namely the eternal melodies that run through the story of salvation. Truth set to music as the old hymn says. "Tis music to the sinners ears and life and health and peace." The music of the spheres that touches the hearts of all mankind.

Koreans claim, and I believe them, that true music has been rarely heard these last few centuries. Ages of outward form and ceremony have shut and sealed and petrified every heart so that there is no longer a call for p'oongyoo. When men are all born deaf mutes piano makers must turn their hand to something else. To put it in other words, Koreans must have a literature that will touch the heart and awake it to life. They have cudgled and whetted their intellects over Chinese until now the literati are head without heart, all blade and no handle. They are not fools to whom we can ladle out knowledge that we have acquired in universities at home.. In brain-culture they are I believe superior to us for an educated man in Korea has had his mind trained in one thing well- while educated men at home have been partially trained in many things. His argumentative two-edged intellect can outstrip the foreigner at every turn, but an honest foreigner in heart is vastly his superior.

What we need in literature are not intellectual abstractions but something to touch the heart. Can we not write in a way that will be music to them and cause them in return to break out into singing like Paul when he wrote! "O the depth of the riches both of the wisdom and power of God: how unsearchable are His judgments and His ways past finding out!"

Confucius said "For improving manners and customs there is nothing like music " also "Hear the music of a state and you can guess its laws and government." Can we not prove this true to them in a way Confucius never dreamed of so that their manners and customs will be Christianized and that they may have in their hearts a knowledge of the laws and government of the kingdom of Heaven.

3) Mathematics :-

Deductions, Logic, proving that such and such is true: literature that would attempt to argue truth into the native I should be inclined to mark as utterly worthless. Koreans can prove anything by argument. Chinese characters have the habit of conveniently providing two meanings, the very opposite of each other. If you are hard pressed in one meaning, you simply take the other and so reduce matters to zero or a condition suitable to continue on. So Koreans regard all argument as really meaningless, not to be taken seriously at all.

This would seem to be because their mathematics are hopelessly confused. We are in the habit of saying that a mathematical truth holds good anywhere, whether in the earth, or in the waters under the earth, but Korea is an exception to nearly all truth. Here two and two sometimes make four and sometimes again two and two make five. Sixty one year Korean translates into sixty years English. *Sasip* may mean anything from twenty to a hundred. Yuru anything from three to thirty thousand.

They, like the Chinese, have a universal talent for inaccuracy and they think everyone else as inaccurate as themselves. A measure of rice in Wonsan is over three measures in Seoul ; one *Yang* of cash in the country equals five Yang in the capital. Those who travel know how the mapoos speak of the 2500 as long or short. You maintain however that if a *li* is a *li* there is no long or short about it but you learn in time, especially when the 2500 are long.

"How much a mat?" I ask a dealer "Five hundred cash" is the answer. "Very well give me twenty," "Never" says he "won't sell so many for less than six hundred apiece." Such a state of things is only conceivable of a country where mathematics have gone to everlasting destruction.

So in relationships. "Well my lad" I say, "who is the little old man along with you?" "He is my big father." "Why he is not very big ; he is not much taller than you" and the lad looks at me in amazement and wonders what I am driving at. I try him again, "If he is your big father have you a little father?" "Yes three of them" Then how many fathers have you altogether?" "Five." This beats Wordsworth's. "We are Seven." "How do you make out five?" you ask "why I've one big father and then my real father and three little fathers." You find at last that he is talking about his paternal uncles all fathers every one of them on the same principle that he would say that three and five make sixteen, or eight, or twenty four, or three hundred and seventy six. So about brothers; my sixteenth cousin may be my *hyungnim* or my *au*. (Older brother or younger one.)

Also a man's name is like a bamboo wilderness, all the

same thing and yet all different. Boy name, hat name, style name, special name and the good or bad name a man leaves after he is dead and gone. To me this all be tokens a state of mathematical, logical, intellectual chaos, that we must keep clear of in our literature. For that reason I have my doubts about the catechism style. It partakes so much of the nature of two and two make four. It is more for the head than the heart. Argumentation is its style to say the least and that is not the literature it seems to me for Koreans.

I have tried more than once to write something that would be suitable for my people, but have failed and so can point to no success as a proof of what I say, yet I believe that what we need is a simple, honest literature, constructed on native principles, that will touch the heart. As far as possible keep out the mathematical. Sing to the heart with the pictorial.

(*The Korean Repository*, Vol. 2. November, 1895)

2. KOREAN LITERATURE.

Some of the greatest thoughts that dominate Korean Literature have come from the misty ages of the past. How long ago who can say? We are informed by credible historians that a mysterious being called Tan-goon, a shin-in, god-man or angel, descended from heaven and alighted on the top of the Ever White Mountains where he taught the people their first lessons in religion. The date given is contemporary with Yo of China, 2333 B.C.

Whoever he may have been, or whatever he may have taught, must remain a mystery, but echoes of this strange being are heard all down through the ages. Many writers have recorded the story of Tan-goon. The opening pages of the *Tong-gook T'ong gam*. the greatest history of the early kingdoms of Korea, written about 1450 A. D., tell of his doings. The earliest contribution to Korean thought seems to have come from him. reminding the world that God lives, that he had a son, and that righteousness should rule in the earth.

A temple erected in his honor in Pyengyang, in 1429, still stands to-day. A huge altar, also, on the top of Mari Mountain not far from Chemulpo, date unknown, tells of his greatness in the distant past. Poets and historians, Koreans and Chinese, have sung his praises.

A second set of thoughts entered Korea more than a thousand years later, in 1122 B.C. This is indeed the most noted period in the history of the Far East as far as religion is concerned. Kings Moon and Moo of China came to the throne, "at the bidding of God," so reads the record. Moon had a brother called Choo-kong. who was a great prophet and teacher of righteousness. This group usurped the throne and inaugurated an era of justice, but Keui-ja, one of their associates, refused to swear allegiance, claiming that he would have to stand by the old king. good or bad. In this act he set the pace for all loyal ministers of East Asia who swear to serve only one master till death. Knowing Keui-ja's desire. the King gave him Korea, or the East Kingdom, as his portion, and hither this great minister came.

He left an indelible impress upon the hearts of this people and all their future history.

In Pyengyang there was a temple erected to his worship in 1325 A. D. that still stands. A stone recording his life and acts was set up just before it, but was destroyed in the Japanese War of 1592. A new stone was erected in the last year of Shakespeare's life, and on it I find the following sentences:

"Keui-ja came, and his teaching was to us what the teaching of Pok-heui-si was to ancient China. What was this again but the plan and purpose of God?

"God's not permitting Keui-ja to be killed," (at the fall of the Eun Kingdom) "was because He reserved him to preach religion to us, and to bring our people under the laws of civilization. Even though Keui-ja had desired death at that time he could not have found it ; and even though King Moon had determined not to send him to Korea he could not have helped it."

An appreciation of the over-ruling sovereignty of God is something as indelibly impressed on the Korean mind as it is on that of the Scotch Presbyterian. It came in with the pre-Confucian teachings of the East, and has had a mighty influence on the poets and thinkers of the peninsula ever since.

Following this for long centuries there is a blank. What Korea was busying herself about when Confucius and Buddha lived, no one can say. Page after page of time goes by all white and unrecorded.

About 220 B.C. we hear of the landing of bands of Chinamen, who had made their escape from the arduous labors of the Great Wall, and come to Korea to set up a kingdom on the east side of the peninsula, which they called Chin Han. Other kingdoms later came into being, called Ma Han and Pyun Han, three Hans in all, and so time dragged uneventfully on till the Christian era.

Fifty eight years before it, just about the time when Cœsar was attempting his conquest of Britain, the Kingdom of Silla in the south-east corner of the Korean peninsula was established. A few years later one called Ko-ku-ryu was likewise set up in the north, and another in the south-west called Paik-je.

Here we had three kingdoms occupying the peninsula when the greatest event in its history took place, namely the incoming of Buddhism. In 372 A. D. it entered the north kingdom.

The wonderful story of the Buddha and his upward pilgrimage from a world of sorrow and sin to one of eternal bliss, conquered all hearts. The Koreans took to it as a thirsty man to water, and while they did not cast aside the great thoughts passed on to them by Tan-goon and Keui-ja, Buddha ruled supreme.

We are told that black men from India came preaching this religion. This was Korea's first introduction to alien races, a grateful and appreciated introduction. Their visits continued all the way from 400 to 1400 A. D., as Chi-jong, one of the most noteworthy of the men from beyond the Himalayas, died in 1363.

The most interesting monument in existence to-day bearing witness to this fact, is the cave-temple situated near the old capital of Silla, Kyung-joo. The writer once crossed the hill to pay it a visit. As he reached the highest point of the pass, away to the east lay the Sea of Japan, with the mottled hummocks of smaller ridges lying between him and the shore. A short distance down the hill he came to this cave-temple, Entering by a narrow way he found himself in a large hall with the Buddha seated in the middle and many figures in bas-relief on the walls about. One was Kwannon. Others were stately and graceful women quite unlike any types seen in the peninsula or China; others again, seemed to represent these far-off men of India-who wear strange half Shylock faces, types of the visitors, doubtless, who came preaching the good news of the Buddha 1500 years ago.

The present Prime Minister and former Governor General of Chosen, had plaster casts made of them and placed in the museum of Seoul in 1915.

Buddhism besides being a religious cult, introduced Korea to the outside world and brought in its train arts and industries that made of this people a great and highly enlightened nation.

With the middle of the seventh century we find Korea disturbed by internal troubles. The three kingdoms were fighting against each other with no likelihood of victory for any of them. The great Tangs were on the throne of China and Korea had already come to acknowledge them as the suzerain state.

A young prince of Silla, by name Kim Yoo-sin, disturbed by the unsettled condition of his native land, went to the hills to pray about it. We are told in the History of the Three Kingdoms (written in 1145 A. D.) that while he fasted and prayed to God and the Buddha, an angel came to him and told him what to do. He was to seek help of the Tangs.

Thither he went, to the great capital Mak-yang, where his mission was accepted and an army sent to take Silla's part.

The result was that in 668 A. D. all the country was made subject to Silla and placed under the suzerainty of the Middle Kingdom.

An old pagoda erected at that time, commemorating the event, stands near the town of Kong-joo. Its long inscription down the face is one of the early literary remains extant.

From 700 to 900 A. D. there are no books to mark the progress of events, and yet it was evidently a period of great literary activity. Many monumental remains still stand that tell of master Buddhists who lived through these two centuries. Some of these stones are eight feet high and four feet wide and have as many as two thousand characters inscribed on them, so that they constitute a careful and concise biography.

Here are extracts from one erected in 916 A. D.

"A Life of the Teacher of two Kings of Silla, called by the StateMaster Nang-kong....

"His religious name was Haing-juk, Walking in Silence…

"His mother's name was Sul. In a dream of the night she met a priest who said to her, 'From a past existence I have longed to be your son.'

"Even after waking she was still moved by the wonder she had seen which she told to her husband. Immediately she put away all flesh foods and cherished with the utmost reverence the object of her conception, and so on the thirtieth day of the twelfth moon of the sixth year of T'ai-wha (832 A. D.) her child was born.

"His appearance and general behavior differed from that of ordinary mortals, for from the days of his childhood he played with delight at the service of the Buddha. He would gather together sand and make pagodas : and bring spices and make perfume. From his earliest years he loved to seek out his teacher and study before him, forgetting all about eating and sleeping. When he had attained to a thoughtful age he loved to choose great subjects and write essays thereon. When once his faith was established in the golden words of the Buddha, his thoughts left the dusty world and he said to his father, 'I would like to give myself up to religion and make some return to my parents for all the kindness they have shown me.' The father, recalling the fact that he had been a priest in a former existence, realized that his dreams had come true. He offered no objection, but gave a loving consent. So he cut his hair, dyed his clothes. dressed in black and went forth to the hardships and labors of the religious life. He went here and there in his search for the 'sea of knowledge' · finding among the 'scattered flowers' beautiful thought and pearls of the faith.

"His teacher said to his other pupils, 'Prince Sak-ka-mo-ni was most earnest in his search for truth, and An-ja loved best of all to learn from the Master (Confucius). I used to take these things as mere sayings but now I have found a man who combines both. Blue-eyed and red-bearded priests of whatever excellence cannot compare with him. (Men of India?)

"In the ninth year of Tai-chong (855 A.D.) at the Kwan-tai Altar, in the Pok-chun Monastery, he received his confirmation orders, and so from that time on with his pilgrim bag and staff, he went to live in the grass hut of the religionist. His love for the faith was very great, and he longed to enter into the hidden recesses, where he might attain the desires of the heart."

"(He visited the capital of China) and on the birthday of the Emperor was received in audience. His Majesty's chief desire was to be a blessing to the state and to advance the deep things of religion.

"He asked of the Master, 'What is your purpose in coming thus across the Great Sea?'

"The Master replied, 'Your humble servant has been so blessed as to see the capital of this great empire, and to hear religion spoken favorably of within its precincts. Today I bathe in the boundless favor of this holy of holies. My desire is to follow in the footsteps of the Sages.. bring greater light to my people, and leave the mark of the Buddha on the hearts of my fellow countrymen.'

"The Emperor, delighted with what he said, loved him dearly and showered rich favors upon him."

".............................

"In the seventh moon of autumn the Master, longing for the beauty of nature, retired to his temple in Mam-san. Here he lived in touch with the Four Great Hill Peaks, and near the South Seas. The waters of the streams that rushed by were like the rivers of the Golden Valley, the hill peaks, too, fought battles for supremacy like the Chaga peaks of China, a worthy place for a great master of religion to dwell in.

"In the second moon of the following year (916 A. D.) he realized that he was unwell and that sickness had overtaken him. On the twelfth day he arose early in the morning and said to his disciples, 'Life has its appointed limits, I am about to die. Forget not the truth, be diligent in its practice, I pray you, be diligent.'

"He sat as the Buddha, with his feet crossed on the couch, and so passed away. His age was eighty-five. For sixty-one years he had been a learner of the truth.

"At his death the clouds gathered dark upon the mountains and the thunder rolled. The people beneath the hill looked up and saw halos of glory while the colors of the rainbow filled the upper air. In the midst of it they saw something that ascended like a golden shaft.

"The Master's will had been submissive and so God had given him something better than a flowery pavilion to shelter him; and because he was a master of the Law, a spiritual coffin bore him into the heights. His disciples were left broken-hearted as though they had lost their all."

....

"For years he had been a distinguished guest of the state, serving two kings and two courts. · He made the royal house to stand secure so that demon enemies came forth and bowed submission. His departure from earth was like the fairy's ascent to the heights of heaven. · There was no limit to his wisdom and his spiritual insight was most perfect."

....

"His disciples made request that a stone be erected to his memory and so His Majesty undertook the grateful task and prepared this memorial to do him honor. He gave him a special name, calling him Nang-kong, *Light of the Heavens,* and his pagoda, Paik-wul Soo-oon, *White Moon amid the Clouds.*

"A wise and gifted teacher he,

Born in Silla by the sea.

Bright as sun and moon are bright,

Great as space and void are free....

"Written by his disciple, Member of the Hallim, Secretary of War, etc. Ch'oi In-yun. (916 A. D.)"

This is an example of the kind of men and thoughts that ruled Korea in the earliest days of her literature.

While the priest Hang-kong lived there lived also a man who is called the father of Korean literature, Ch'oi Ch'i-wun (858-951 A. D.) whose collected works are the earliest productions we have. What did he write about? On examination we find congratulations to the Emperor, to the King, to special friends ; prayers to the Buddha; Taoist sacrificial memorials ; much about nature, home life etc.

Here are a few samples:

The Tides.

"Like a rushing storm of snow or driving sleet, on you come, a thousand rollers from the deep, thou, tide. Over the track so deeply worn again you come and go. As I see how you never fail to keep the appointed time. I am ashamed to think how wasteful my days have been, and how I spend in idle dissipation the precious hours.

"Your impact on the shore is like reverberating thunder, or as if the cloud-topped hills were falling. When I behold your speed I think of Chong-kak and his wish to ride the winds ; and when I see your all-prevailing majesty I think of the sleeping dragon that has awakened."

The Swallow.

"She goes with the fading summer and comes with returning spring, faithful and true is she, regular as the warm breezes or the chilly rains of autumn. We are old friends, she and I. You know that I readily consent to your occupying a place in my spacious home, but you have more than once soiled the painted rafters, are you not ashamed? You have left hawks and uncanny birds far off in the islands of the sea, and have come to join your friends, the herons and ibis of the streams and sunny shallows. Your rank is equal to that of the gold finch I should think, but when it comes to bringing finger rings in your bill as gifts to your master you fail me."

The Sea-Gull.

"So free are you to ride the running white-caps of the sea rising and falling with the rolling waters. When you lightly shake your feathery skirts and mount aloft you are indeed the fairy of the deep. Up you soar and down you sweep serenely free. No taint have you of man or of the dusty world. Your practiced flight must have been learned in the abodes of the genies. Enticements of the rice and millet fields have no power to woo you, but the spirit of the winds and moon are your delight. I think of Chang-ja who dreamed of the fairy butterfly. Surely I too dream as I behold you."

Tea.

"To-day a gift of tea comes to me from the general of the forces by the hand of one of his trusty aides. Very many thanks. Tea was first grown in Ch'ok and brought to great excellence of cultivation. It was one of the rarities in the garden of the Soo Kingdom (589-618). The practice of picking the leaves began then, and its clear and grateful flavors from that time were known. Its specially fine qualities are manifest when its delicate leaves are steeped in a gold kettle. The fragrance of its breath ascends from the white goblets into which it is poured. If it were not to the quiet abode of the genii that I am invited to make my respectful obeisance, or to those high angels whose wings have grown, how could ever such a gift of the gods come to a common literatus like me? I need not a sight of the plum forest to quench my thirst, nor any day-lilies to drive away my care. Very many thanks and much grateful appreciation.

By Night.
C h'oi Ch'ung (986-1068 A. D.).

"The light I saw when I awoke,

Was from the torch that has no smoke.

The hill whose shade came through the wall,

Has paid an unembodied call.

The music ofthe pine tree's wings

Comes from a harp that has no strings.

I saw and heard, the sight and song,

But cannot pass its joys along."

Kim Poo-sik (1075-1151 A. D.) is the earliest historian of Korea. He it is who wrote the Sam-gook Sa or History of the Three Kingdoms, one of the most highly prized books to-day.

Two selections from his pen are given herewith that furnish the reader with a slight glimpse of the far-off world of the days of William the Conqueror. Kim Poo-sik was not only a noted literatus but a great general. He was a man of immense height who quite overawed the world by his commanding stature.

The King's Prayer to the Buddha.
(Written by Kim Poo-sik.)

"This is my prayer: May the indescribable blessing of the Buddha, and his love that is beyond tongue to tell, come upon these forsaken souls in Hades, so that they may awaken from the misery of their lot. May their resentful voices be heard no more on earth, but may they enter the regions of eternal quiet. If this burden be lifted from me I shall be blessed indeed, and this distressing sickness will give place to joy. May the nation be blessed likewise and a great festival of the Buddha result."

The Dumb Cock.

"The closing of the year speeds on. Long nights and shorter days they weary me. It is not on account of lack of candle light hat I do not read, but because I'm ill and my soul is distressed. I toss about for sleep that fails to come. A hundred thoughts are tangled in my brain. The rooster bird sits silent on his perch. I wait. Sooner or later he will surely flap his wings and crow. I toss the quilts aside and sit me up, and through the window chink come rays of light. 1 fling the door wide out and look abroad, and there off to the west the night-stars shine, I call my boy, 'Wake up. What ails that cock that he does not crow? Is he dead, or does he live? Has some one served him up for fare, or has some weasel bandit done him ill? Why are his eyes tight shut and head bent low, with not a sound forthcoming from his bill?'

"This is the cock-crow hour and yet he sleeps. I ask 'Are you 稅 breaking God's most primal law? The dog who fails to see the thief and bark in the cat who fails to chase the rat, deserve the direst punishment. Yet, death itself would not be too severe.' Still, Sages have a word to sayi Love forbids that one should kill. I am moved to let you live. I'll warned, however, and show repentance."

Other writers follow, the best of all being Yi Koo-bo (1168-1241 A.D.). He was not a Buddhist but a Confucianist, and yet all through his writings is to be found a note of respect for the sincere religion of the Buddha.

He was an original character with a lively imagination, and a gift of expression possessed by no succeeding writer,

Here are a few samples of what he wrote:

The Body.

"Thou Creator of all visible things art hidden away in the shadows invisible. Who can say what Thou art like? Thou it is who hast given me my body, but who is it that puts sickness upon me? The Sage is a master to rule and make use of things, and never was intended to be a slave; but for me I am the servant of the conditions that are about me. I cannot even move or stand as I would wish. I have been created by Thee. and now have come to this place of weariness and helplessness. My body, as composed of the Four Elements was not always here, where has it come from? Like a floating cloud it appears for a moment and then vanishes away. Whither it tends I know not. As I look into the mists and darkness of it. all I can say is, it is vanity. Why didst Thou bring me forth into being to make me old and compel me to die? here I am ushered in among eternal laws and compelled to make the best of it. Nothing remains for me but to accept and to be jostled by them as they please. Alas, Thou Creator, what concern can my little affairs have for Thee?"

On Flies.

"I have ever hated the way in which the fly continually annoys and bothers people. The thing that I dislike most of all is to have him sit on the rims of my ears and settle squabbles with his neighbor. When I am ill and see him about me, I am afflicted with a double illness over and above my original complaint. In seeing the multitude of his breed swarming about, I cannot but make my complaint to God.

A Prayer to God offered by the King and Minister of Korea, asking for help against an invasion of the Kitan Tartars.
BY YI KYOO-BO.

"We, the King and Officers of the State, having burned incense, bathed and done the necessary acts of purification for soul and body, bow our heads in pain and distress to make our prayer to God and the angels of heaven. We know there is no partiality shown in the matter of dispensing blessing and misfortune, and that it depends on man himself. Because of our evil ways God has brought death and war upon our state by an invasion of the Tartars, who have, without cause, encroached upon our territory, devastated the outlying lands and murdered our people. More and more are they encircling us till now the very capital itself is threatened. Like tigers are they after flesh, so that those ravished and destroyed by them cover the roadways. In vain are all our thoughts of ways and means to defend ourselves, and we do not know what to do to meet the urgency of the situation. All we can do is to clasp our bowing knees, look helplessly up and sigh.

"These Tartars are our debtors really, and have received many favors from us, and heretofore we have never had any cause to dislike them. Of a sudden has their fierce dread flood broken in upon us. This cannot be by accident but must, we know, be due wholly to our sins. But the past is the past, and our desire is to do right from now on. Grant that we may not sin. Thus it is that we ask our lives from God. If Thou, God, dost not wholly intend to destroy our nation, wilt Thou not in the end have mercy? This will be to us a lesson and so I write out this prayer as we make our promise to Thee. Be pleased, oh God, to look upon us."

To his Portrait and the Artist.

"Tis God who gave this body that I wear,
The artist's hand sends me along through space.
Old as I am I live again in you,
I love to have you for companion dear,
He took me as I was, an old dry tree,
And sitting down reformed and pictured me.
I find it is my likeness true to life,
And yet my ills have all been spelled away.
What power against my deep defects had he
That thus he paints me sound, without a flaw?
Sometimes a handsome, stately, gifted lord
Has but a beast's heart underneath his chin;
Sometimes a cluttered most ill-favored waif
Is gifted high above his fellow-man.
I am so glad there's nothing on my head,
For rank and office I sincerely loathe.
You have put thought and sense into my eye,
And not the dust-begrimd look I wear.

My hair and beard are less white as well;
I'm not so old as I had thought to be.
By nature I am given o'er much to drink,
And yet my hand is free, no glass is seen.
I doubt you wish to point me to the law,
That I a mad old drunkard may not be.
You write a verse as well, which verse I claim
Is equal to the matchless picture drawn."

The Angel's Letter.

"On a certain month and a certain day a minister in the Palace of God sent a golden messenger to earth with a letter to a certain Yi Kyoo-bo of Korea. It read: 'To His Excellency who dwells amid the noise and confusion of the mortal world, with all its discomforts. We bow and ask the state of your honored health. We think of you and long for you as no words can express, for we too serve on the high hand of God and await His commands. You, our exalted teacher, were formerly a literary attendant of the Almighty, took his commands and recorded them, so that when spring came it was you who dispensed the soft and balmy airs, that brought forth the buds and leaves. In winter too, you scattered frost and wind, and sternly put to death the glory of the summer. Sometimes you sent wild thunder, wind and rain, sleet and snow, clouds and mist. All the things that God commanded for the earth were written by your hand.

Not a jot did you fail to fulfil his service, so that God was pleased and thought of how he might reward you. He asked a way of us and we said in reply, 'Let him lay down for a little the office of secretary of heaven and go as a great scholar among men, to wait in the presence of a mortal king and serve as his literary guide. Let him be in the palace halls of mankind, share in the government of men, and make the world bright and happy by his presence. Let his name be sounded abroad and known throughout the world, and, after that, bid him back to heaven to take his place among the angels. We think that in so doing You will fitly reward his many faithful services.'

"God was pleased at this and gave immediate commands that it be carried out. He showered upon you unheard-of gifts and graces, and clothed you with the commanding presence of the Superior Man, so that you might have a hundred chariots in your train, and ten thousand horses to follow after. He sent you forth and had you born into the earth in that nation that first catches the light of the morning as it rises from the Poosang Mountains. Now, several years have passed, and we have not heard of your special rank; or of your having won a name. Nothing startling has been done by you, and no great book written. Not a sound has reached the ears of God. We were anxious about this and so were about to send a messenger to find out, when, unexpectedly, there came one from earth to us of whom we made inquiry.

"He replied, 'The man called Kyoo-bo is in greatest straits. most far removed from any sort of honor. He is given over to drink and madness goes here and there about the hills and by the graves writing verses ; but no seal of state hangs from his belt, nor wreath adorns his brow. He is like a dragon that has lost its pool, or a dog in the house of mourning ; an ill-fated lonely literatus, he, and yet all from the highest to the lowest know his name. Whether it be that he is so extravagant that he has not been used, or because they have not chosen him I do not know.'

"Before he had finished this, however, we gave a great start and struck our hands in wonder saying, 'His earth companions are evidently haters of the good, and jealous of the wise. We must take note.'

"Thus it was we wrote a memorial embodying what had been told and God regarded it as right. He has prepared a great lock and key for these offenders, and now meditates setting matters straight. Little by little your wings will unfold, and your footsteps will take their upward way toward the heights. Far will you enter into the halls of fame. To the Chamber of the Ministry, though not equal to heaven, you will proceed. How glorious your way will be! Now indeed you will drink your fill of heart's best joy, and the splendor of its dusty way. We, friends of yours, who are in heaven, impatient wait your high return. The harp that ought to dispense sweet music has dust upon its strings, and sad, awaits your coming. Your halls are silent as they mourn your absence, longing once again to open wide their gates. God has made ready sweetmeats of red dew, and butter of the golden mists of morning on which He feeds His angel hosts so freely. Make haste to fulfil your office among men and come back to heaven. First, however, you must attain to greatness of name and. merit, wealth and honor. What we urge upon you is, be diligent, be diligent. We bow with this and present our grateful honor."

This is a piece of imaginative work, unusual to say the least. It was evidently written as a protest against his own adverse fortunes from a political point of view.

Yi Kyoo-bo writes on a wide variety of subjects. He touches nature again and again. Here is a translation of one of his poems on the family life:

On the Death of a Little Daughter.

"My little girl with face like shining snow,
So bright and wise was never seen before.
At two she talked both sweet and clear,
Better than parrot's tongue was ever heard.
At three, retiring, bashful, timid, she
Kept modestly inside the outer gates,
This year she had been four
And learned her first wee lessons with the pen.

What shall I do, alas, since she is gone?
A flash of light she came and fled away,
A little fledging of the springtime, she;
My little pigeon of this troubled nest.
I know of God and so can camly wait,
But what will help the mother's tears to dry?
I look out toward the distant fields.
The ears shoot forth upon the stalks of grain,
Yet wind and hail sometimes await unseen.
When once they strike the world has fallen full low.
'Tis God who gives us life;
"Tis God who takes our life away.
How can both death and life continue so?
These changes seem like deathly phantoms drear.
We hang on turnings of the wheel of fate,
No answer comes, we are just what we are."

Here is one of his little quartettes that touches nature:

The Cherry

"How wonderful God's work!
So delicately mixed his sweet and bitter!
And yet your beautiful rounded shape
And rosy hue invite the robber bird."

As time passes on other masters follow, one Yi Che-hyun, specially noted. He lacks the versatility of Yi Kyoo-bo but in power of expression even surpasses him.

He was sent in the year 1314 as a young envoy to China to the court of the Mongol emperors. A memorial was presented about that time that Korea be made a province of China proper. Yi Che-hyun, startled at this, wrote so powerful and persuasive a rejoinder that the emperor cancelled the memorial and let Korea stand.

He traveled much in China, and so I give one of the selections that he wrote there:

The Whangho River.

Down comes the rolling Whangho from the west, with sources in the fabled peaks of Kol-yoon. The envoy of great Han built him a raft and went to see its fountain-head. From the heart of the hills it rushes forth, a thousand measures downward to the sea. He found it was the Milky Way that pours its torrents eastward and comes sweeping toward us. By nine great circles it outspans the earth even to the farthest limits of the eye.

It is like a battle fierce between the Hans and Chos ; the crash of ten thousand horses in an onset on the plain. Slantwise it comes rolling in big battalions, ever ceaseless. When it mounts and overflows the fields and meadows, people's hearts forsake them from pale fear. By the opening gates of the mountains its way is cloven eastward. The fierce strokes of its blade cut a thundering pathway toward the sea.

When I was young I played upon the bosom of the deep and wished to ride the fabled Moni. Now I would fain drink from the waters of this Western river. As fair they seem to me as the mystic lakes of dreamland that beckon to my thirsty soul. I would launch forth by boat from its sandy shallows. As I sit high and look upon it my soul and spirit are overwhelmed with awe. The fishy breezes kiss my startled gaze; great waves mount high in view like castled walls. The tall masts in the distance jostle the mountain tops. The sailor shouts his shrilly cry while sweat outlines his tightened chin. Though the day darkens far he still must go before he lights upon the gentle village of the plain. I am not Maing Myung-si who set fire to his boats in order to settle accounts with the people of Chin; nor am I the man who threw his jewels into its boiling deep. Still, I like them, and my soul has longed to see this stately river. If the iron ox that stands upon the shore had wits to prompt his sleepy soul he would laugh at such as me and say, 'What brought you here through wind and weather and all the dangers of the way?'"

Before Yi Che-hyun has passed away from the world there was born into Korea's circle of literati a most famous man to be, called Yi Saik who dates from 1328 to 1396 A. D. He is regarded as the greatest of Korea's authors, and yet the writer must confess that his investigation of his works has not led to that conclusion. A most voluminous writer he is, his complete works, numbering some fifty volumes, cannot be bought for less than thirty dollars. The charm of best originality seems lacking. He is. a great master of the laws of Confucian composition, and from that point of view his works are faultless.

Two short examples translated herewith give only the thought, the real power of his Chinese composition is not evident.

Concerning Himself.

"This form of mine is small and poorly built, so passers think me but a mere hunchback. My eyes defective are, and ears, too dull to hear. When some one speaks I look around to see who it is, and act much like a frightened deer that haunts the busy mart.

"Even though some one were found to be my friend, he soon would change his mind and cast me off. Though I should show mine inner heart and soul to prove I was a grateful man, he'd run the faster. So my friendships end. Although my face may shine and lips speak sweetest things, to voice my heart, I still would be the northern cart that finds itself within the southern kingdom. Who is there then to fit my arrow-head or wing my shaft for me? Who comfort lends or listens to my woe?

"Away into unfathomed depths have gone the friends once loved and trusted, like trees that hide within the evening mist. If I regard myself I am as lonely as a single lock of hair upon a bullock's back. Whose teeth will ever part to speak his grateful word in my behalf? And yet just wherein have I sinned, or how departed from the rightful way? My wish and my desire stand firm toward the truth. Where have my deeds been sordid, low, or mixed with cunning ? I am a straight and honest man, why then this doubt and disregard of me? My wish is one to teach all men the way. Why is my learning held of no account? In study my desire is full attainment. Where are the flaws? What have I failed to do? I hold the plummet line of rectitude.

My failure, faults, and lack of round success are due to the one wish I had that good would rule. I may have failed, how far I cannot know, yet why expect success from him who's but a beast, whose name is counted over on the finger-tips, as though he were a bandit chief?

"Faults lie with you, my critics, you must change. God who sees full well and knows me he will count me clear. The law required, with all its feet and inches I have kept. No matter who, if he confess his faults, his past is buried evermore. To say I'm right and good, what joy is that? To jeer and treat me with contempt what care? Let me but so conduct myself that I be not an agent of the dark. To keep God's law this be my all in all."

Japan and the Japanese.

(Written on the departure of Chung Mong-joo as special envoy, 1377 A. D.)

"There is a king who dwells off toward the east, proud in his own esteem. He claims the belt he wears is righteousness, his robe the kindliest sheen. Stern his appearance but gentle is his speech. How wags the world he holds his even poise, strong to endure. He recks not of this little life, and death he counts an honor. Not even Pook-goong could stand a match to him. His land recalls the warlike states of Choo. Fearful he is enough to scare one's locks straight stiff, or make one's soul jump from his skin. Be it distress that overtakes, he will accept no pity from another. A single look askance and he takes vengeance on the same. He counts not father, brother, son, if they oppose his way; his wife and daughters he regards as slaves. not even dogs or swine are they. His thought is in a name. 'Tis better death than lose one's honor, and he who soils his office mars the state. He'd make his people a refined, steel- hardened race. Though they regard it thus why should we blame? What runs its fullest source is bound to change, and change within a morning. Then we shall see what gentle habits will possess his world.

"Alas, we Chosenese know not to change, their boats and carts go everywhere while I have never crossed the threshold of my door Theirs is the Sunrise Kingdom linked to the fairy world. All things that live and grow abound on every side. The sun that shines upon its level plains lights up its world with splendor. How comes it that the evil-hearted rise from such a land, and like mad dogs bound forth on all who pass? Their wicked name has gone throughout the earth and all the world dislikes them. The thoughtful, learned, and good, regard this eastern state with deep despair. The end will be a whole world roused to war. And then her fate? We two stand side by side. Let's think how China's states went down. Cho lost her monkey and the fell result enveloped all the forest. Now we enter upon friendly relations but as we have no heart in it they will be sure to fail. Deceit is all they spell. You, a spiritually enlightened man, are trusted with a great commission. Full powers have you in hand, go forth. Be careful of the food you have to eat and hold your imagination well in hand. Keep sound in body and see to your office with right diligence and care. I am unable to write all my heart would say. Thoughts unexpressed rise still within my soul."

The Korean viewed the Japanese in those days much as the Englishman viewed the Frenchman. Beneath his highly contemptuous manner, however*, there was also a high regard. So it has been. So it is to-day. Koreans enjoy a safety of life and property as never before, have a door of opportunity open to them that they never could have erected themselves, and they give promise of not only forming an honorable part of the great Empire of Japan but of contributing something original to this illustrious nation.

Chung Mong-joo who went as envoy to Japan in 1377 A. D. IS also regarded as one of Korea's foremost literary men. He is the model, too, of the faithful courtier like Keui-ja, for he refused in 1392 to swear allegiance to the new dynasty, and died a martyr. His blood marks are pointed out in all sincerity to-day on the stone bridge in Songdo where he fell. Perhaps the fact that he lived up to this golden rule of the Far East, Serve only one Master. makes his writings more valuable than they would otherwise be. he went several times to Nangking on messages from his king and was once shipwrecked on the way. He is regarded by both Chinese and Japanese as a great master of the pen.

In Nangking.
BY CHUNG MONG-JOO.

"I. Chung Mong-joo, in 1386, fourth moon, with my commission from my king was in Nangking in the Assembly Hall. On the twenty-third day the Emperor, while seated in the Gate of Divine Worship, sent a palace maid-in-waiting with a command saying that His Imperial Majesty desired me to come. I went and he talked with me face to face. What he said was most gracious. He ordered the yearly tribute paid by Korea, gold, silver, horses, cotton goods etc. to be entirely remitted. Greatly moved by this I wrote the accompanying song:

"A palace-maid at noon passed the command,
And had me called before the Dragon Throne.
To hear his gracious words it seemed to me that God was near;
Unbounded favors from his hand reach out beyond the sea.
I did not realize that in my joy my eyes were filmed with tears.
All I can say is May His Gracious Majesty live on forever.
From this day forth we thrive, land of the Han, how blessed.
We plough and dig our wells and sing our songs of peace."

In Japan.
BY CHUNG MONG-JOO.
(1377 A. D.)

"A thousand years have stood these islands of the deep,
By 'raft' I came and long I linger here;
Priests from the hills are asking for a song;
My host, too, sends me drink to cheer the day.
I am so glad we can be friend and kind to one another,
Because of race let's not bemean in mind or jealous.
Who then can say one is not happy on a foreign soil?
Daily we go by chair to see the plums in blossom"

"Raft" is a reference to the supposed means of conveyance by which Chang Gon went all the way to Rome and to the Milky Way.

In the next century, the fifteenth, a greater number of writers appear, historians, as well, like Su Ku-jung who wrote the Mirror of the Eastern Kingdom, the best history we have of the early days of his people. All through it he shows himself a man of level head who draws a definite line between mere superstition and facts for history to record.

And yet it was a day of superstition, for one of his contemporaries, Sung Hyun, writes endless stories like the following:

Odd Story of a Priestess.

"Minister Hong, once on a journey was overtaken by rain and went into a side way where was a house in which he found a young priestess about eighteen years of age. She was very pretty and possessed of great dignity. Hong asked her how it came that she was here by herself in this lonely place, when she replied, "We are three of us, but my two companions have gone to town to obtain supplies.'

"By flattery and persuasive words he promised, on condition that she yield herself to him, to make her his secondary wife on such and such a day of the year. The priestess all too readily believed him and awaited the day. but he never came, and the appointed season passed without sound of footfall or shadow of any kind. She fell ill and died.

"Later Hong was sent south as provincial governor of Kyung- sang Province. While there he one day saw a lizard run across his room and pass over his bed quilt. He ordered his secretary to throw it out, and not only did he so but he killed it as well. The next day a snake made its appearance and crawled stealthily into the room. The secretary had this killed also, but another snake came the day following.

"The governor began questioning the manner of this visitation and thought of the priestess. Still he trusted in his power and position to keep safe from all such trivial evils, so he had them killed as they came and gave orders accordingly. Every day snakes came, and as day followed day they grew larger in size and more evil in their manner, until at last great constrictors came pouring in upon him. He had his soldiers marshalled with swords and spears to ward them off and yet somehow they managed to break through. The soldiers slashed at them with their sabres: fires were built into which the snakes were flung and yet they increased in numbers and grew. In the hope of placating this enemy the governor caught one of them and put it in a jar letting it loose at night to crawl about as it pleased over his bed and returning it once more to its place when the day dawned. Wherever he went, about the town or on a journey, he had a man carry the snake along in the jar. Little by little the governor's mind weakened under the strain of it, his form grew thin and shortly afterward he died."

This unsavory thread of superstition runs all through the writings of East Asia and shares a large part in the mental fabric of the race to-day. The law of reason that governs modern thought is more and more making its influence felt through the newspaper and the modern book, and this old world is bound to disappear. The fairy part of it we would still see live but the snakes and devils may well go.

As time passed on and the rumor became fixed that Koryu met its fate in 1392 through the evil influence of the Buddha, Confucianism became more and more the state religion and the literati were the scribes and Pharisees who taught and explained its sacred books. While many of them were merely creatures of the letter, some again were devoutly religious and apparently most attractive characters. One named Yi I, or Yool-gok as he is familiarly called, lived from 1536 to 1584. His name to-day is recorded in the Confucian Temple No. 52 on the east side of the Master, and is revered by his people as no other.

The Flowery Rock Pavilion.
BY YI I.

"Autumn has come to my home in the woods, how many things I would like to write about. The long line of river goes by us on its way from heaven. The red leaves, tinted by the frost look upward toward the sun. The hills kiss the round circle of the lonely moon. The streamlets catch the breezes that come a thousand li. Why are the geese going north I wonder. Their voices are lost in the evening clouds."

God's Way.
BY YI I.

"God's way is difficult to know and difficult to explain. The sun and moon are fixed in the heavens. The days and nights go by, some longer, some shorter. Who made them so, I wonder. Sometimes these lights are seen together in the heavens sometimes again they are eclipsed and narrowed down. What catises this? Five of the stars pass us on the celestial warp, while the rest swing by on the wings of the woof. Can you say definitely why these things are so? When do propitious stars appear, and when, again such wild uncanny things as comets? Some say that the soul of creation has gone out and formed the stars. Is there any proof of this?

"When the winds spring up where do they come from, and whither do they go? Sometimes though it blows the branches of the trees do not even sing ; at other times trees are torn from their roots and houses are carried away. There is the gentle maiden wind, and then there is the fierce typhoon. On what law do these two depend?

"Where do the clouds come from and how again do they dissipate into the five original colors ? What law do they follow? Though like smoke, they are not smoke. Piled up they stand and swiftly they sail by. What causes this?

"The mists, too, what impels them to rise? Sometimes they are red and sometimes blue. Does this signify anything?

At times heavy yellow mists shut out all the points of the compass, and again a smothering fog will darken the very sun at noon.

"Who has charge of the thunder and the sharp strokes of lightning? The blinding flashes that accompany them and their roaring that shake the earth? What does it mean? Sometimes they strike men dead. What law directs this I wonder?

The frosts kill the tender leaves, while the dew makes all fresh and green again. Can you guess the law by which these are governed?

"Rain comes forth from the clouds as it falls, but again there are dark clouds that have no rain. What makes this difference? In the days of Sillong rains came when the people wished them, and desisted when their hopes were fulfilled. In the Golden Age they fell just thirty-six times, definitely fixed. Was it because God was specially favorable to those people ? When soldiers rise in defense of the right rain comes; rain comes too, when prisoners are set free. What do you suppose could cause this?

Flowers and blossoms have five petals, but the flakes of snow have six. Who could have decided this?

"Now hail is not white frost nor is it snow. By what power has it become congealed? Some of its stones are big as horses' heads, and some again are only as large as chickens' eggs. Some times they deal out death to man and beast. At what time do these things happen ? Did God give to each particular thing its own sphere of action when he made it?

"There are times when the elements seem to battle with each other as when rain and snow compete. Is this due to something wrong in nature, or in man's way?

"What shall we do to do away with eclipses altogether, and have the stars keep their appointed course? So that thunder will not startle the world; that frosts may not come in summer; that snows may not afflict us, nor hailstones deal out death that no wild typhoons may blow : that no floods prevail: that all nature run sweetly and smooth, and so that heaven and earth will work in accord to the blessing of mankind? Where shall we find such a doctrine? All you literati who are deeply learned, I should think that some of you could tell me. Open your hearts now and let me know."

To prove that literary talent was not confined to the halls of the rich we have a number of authors who rose from the lowest social stratum to shine high in the firmament. One, son of a slave, called Song Ik-p'il was born in 1534 and died in 1599. His works were re-published in 1762 and are regarded today as among Korea's best, almost sacred writings.

On Being Satisfied.
BY SONG IK-P'IL

"How is it that the good man always has enough, and why the evil man should always lack? The reason is that when I count my lacks as best I have enough ; but worry goes with poverty and worrying souls are always poor. If I take what comes as good and count it best, what lack have I. But to complain against Almighty God and then my fellow men means grieving o'er my lacks. If I ask only what I have I'm never poor; but if I grasp at what I have not how can I ever have enough? One glass of water, even that may satisfy, while thousands spent in richest fare may leave me poor in soul. From ancient days all gladness rests in being satisfied, while all thFe ills of life are found in selfishness and greed. The Emperor Chin-see's son who lived within the Mang-heui Palace was heard to say, 'Though I live out my life, 'tis all too short,' and so his worries came. The ruler of the Tangs were told cast lots to mect his love beyond the veil because his heart was cheerless here, and yet we poorest of the poor when we wish only what we have how rich we are. How poor are kings and princes who reach out for more, while he who's poor may be the richest. Riches and poverty lie within the soul, they never rest in outward things. I now am seventy and my house has nothing, so that men point at me and exclaim 'How poor.' but when I see the shafts of light tip all the hill tops in the morning my soul is satisfied with richest treasure : and in the evening, when I behold the round disk of the moon that lights the world and shines across the water, how rich my eyes! In spring the plum-trees bloom, in autumn the chrysanthemum. The flowers that go call to the flowers that come. How rich my joy! Within the Sacred Books what deep delight! As I foregather with the great who've gone, how rich! My virtues I'll admit are poor, but when I see my hair grow white, my years how rich! My joys attend unbroken all my days. I have them all. All these most rich and satisfying things are mine. I can stand up and gaze above, and bend and look below. the joy is mine. How rich God's gifts! My soul is satisfied."

The times of Shakespeare were the most prolific days of Korea's long period of literature. Suddenly a great tragedy befell the land in the war of Hideyoshi in 1592. This filled the mind of the new generation with its horror as one can easily see through the literature that followed.

Kim Man-choong, the author of the Cloud Dream of the Nine was born in 1617, the year after Shakespeare died. The echoes of the terrible war were not only sounded in his ears as a little boy, for his father and mother had seen it, but when he was nineteen years of age the Manchoos came pouring in and extorted a humiliating treaty from Korea. By the side of the river, just out of Seoul. a tall stone with Chinese writing on one side, and Manchoo script on the other, told how Korea was brought under the imperial heel.

The stone stood till 1894 when some of the youthful patriots of that day knocked it over, and it still lies on its face.

It would seem as though the spirit of destruction had entered society in the fateful seventeenth century. for the four political parties fought each other not as Whigs and Tories, who talk a bit, and then take afternoon tea together, but with knife and deadly portion. Song Si-yul, the greatest literary light of Kim's day, had to drink the hemlock when he was eighty-two and so depart this life. These were the days of Samuel Pepys. the plague and the Great Fire of London. It would seem as though the spirit of trouble had abounded even to Fast Asia.

Here are some of the echoes of that period as seen in the shorter poems :

Avarice.
BY SOO-KWANG.
(1563-1628 A.D.)

"Busy all my days with head and hand,
And now at last a mountain high I have of treasure:
But when I come to die, the problem's how to carry it.
My greedy name is all that's left behind me."

Temptation.
BY KIM CHANG-HYUP.
(1651-1708 A.D.)

"So many tempters lay siege to the soul,

Who would not lose his way?
For though the axe cuts deep the fateful tree,
The roots shoot forth anew.
By early morning light awake, my friend,
And try thy soul and see."

Queen In-mok was one of the famous literary women of this age. She was a broken-hearted mother of royalty who spent her exile days writing out with silver ink on black paper the sacred Mitra Book of the Buddha. This relic is preserved as a special treasure in the Yoo jum Monastery of the Diamond Mountains where the writer had a chance to look it through in October of this year (1917).

Here is one of her poems :

The Worn- Out Laborer.
BY QUEEN IN-MOK.
(About 1608 A.D.)

"The weary ox grown old with toil through years of labor,
With neck sore chafed and skin worn through in holes would fain go sleep.
Now ploughing's done and harrow days are over and spring rains fall,
Why does his master still lay on the goad and give him pain?"

An Ode.
BY YOON CHEUNG.
(1629-1715 A.D.)

"Little there is that I can do in life,

I leave it all to God and go my way.

When bracken and fern thick clothe the hills with green,

Why should I sweat to till and dig the soil?

And when wild hemp and creeping plants enclose the way,

What need I furthermore of fence or wall ?

Although the breeze no contract written has,

Yet still it comes unfailingly to cheer;

And though the moon has sworn no oath of brotherhood,

It nightly shines its beams upon my way.

If any come to jar my ears with earthly woe

Tell him no word of me or where I am.

Within my mystic walls I sit supreme,

And dream of ancients, honored, reverenced, glorified."

Since Kim's day famous authors have lived, many of them, and literature has held unquestioned sway till the year 1894 when by order of the new regime the government examinations were discontinued. With this edict all incentive for the study of the classics disappeared, and the old school system ceased to be. It is twenty- three years since this edict was promulgated, and a young man must have been at least twenty-two or twenty-three at that time to have had even a reasonable grounding. The result is seen to-day in the fact that Korea has no good classic scholars of less than forty-five years of age.

This tragic death of native literature that followed the fateful edict is seen in the fact that a famous father of the old school may have a famous son, yes, a graduate of Tokyo University, who still cannot any more read what his father has written than the ordinary graduate at home can read Herodotus or Livy at sight; and the father, learned though he be, can no more understand what his son reads or studies, than a hermit from the hills of India can read a modern newspaper. So they sit, this father and this son, separated by a gulf of a thousand years pitiful to see.

Nevertheless the poems, the literary notes, the graceful letters, the inscriptions, the biographies, the memorials, the sacrificial prayers, the stories, the fairy tales of old Korea will remain, a proof of the graceful and interesting civilization of this ancient people.

(*The Open Court*, Vol. 32. 1918)

3. Fiction

There exists among all nations the delightful, or dreadful, region of the imagination, inhabited, sometimes by agreeable people, whom it is a charm to meet, to hear talk, or accompany on their way: peopled again by monstrosities, Quilps, Hydes and Quasimodo, terrible to think of: or angels, fairies, kings, queens, and princesses. As the mind is stored, so is the imagination quickened. Doubtless natural gifts play a part, but experience and culture are the materials from which it is drawn. The world of fiction specially illustrates these powers of the mind. Through the pages of the story-book we accompany the imagination of the writer, beholding little or great things, as the soul within him is equipped to see. How great the difference between one mind and another. What a trifling world, for example, we meet in the imagination of Arnold Bennett, as compared with the strong, sweet soul of Charlotte Bronte. This world of the imagination, greater far than the visible world about us, can be made wonders of by the magician's ready hand. Fiction is its field of operation, and through it we can readily read a nation's measure; mentally, socially, morally.

With this in mind we glance for a moment at Korea's fiction. Years ago she used to print on loose gray paper, in native script, about twenty-five stories that had been written specially for the delectation of the woman's world. They were sold everywhere, not only in book shops, but in low thatched hovels as well where walnuts, dried fish, and scrap-iron were bartered. Among these was one called, not the *Hare and the Tortoise,* but *The Turtle and the Rabbit.* It seems that the Dragon King who lives in the Crystal Palace at the bottom of the sea had fallen ill?. His was a dire complaint, that nothing could cure but rabbit's liver. The thick- skinned turtle sent to find a rabbit and inveigle its him into the meshes of the Dragon King. He succeeded, bringing him to the sea, and, finally, down among the mermaids in the palace of the *Yong-wang.* He expected to be despatched at once said the rabbit. It was touch and go till he thought of this, "I'm very sorry, Your Majesty, said he, "I would have been delighted to give you my liver, but the fact of the matter is I have left it behind me. I have the power, you know, to take my liver out and put it back again."

"Indeed!," said the king. The ministers wanted to roll him over and have it out at once, but the king was a righteous man and would have no rude methods employed. He believed the rabbit and sent the turtle off with him to bring the liver. So the story goes on, giving us a set of moving pictures of the quaint imagination of a hundred and fifty years ago.

Today we have come on a barren tract in the mental spheres of Korea and the stories that come forth are but feeble attempts to reproduce the poorest quality of the West. The Y. M. C. A. Journal, just now is printing a story, called "Thirty Years After," of a hero whose glorious deed was the murder of a capitalist in behalf of Korea's soul-expiring Labour. His picture is hung up in a church where the angels are seen bearing him away to heaven. The fact that he had ruined a girl before going to prison is not thought of by his ardent admirers. What is a brutal capitalist, or a mere girl, in the face of the glorious doctrine of liberty for the workers. These crude notions, not born of the Oriental soul, but taken over as pure imitation, figure everywhere.

In passing one of the largest stores of Chong-no recently I asked for the best selling novel and at once was given the *Ch'ul-li Wun-jung* (Love at a Thousand Li.) It has a highly-covered cover, a man in a boat waving his hat with his left hand to a girl on the shore who is flying her handkerchief.

These two, it seems, first meet on the Tai-tong River, Pyengyang, and afterwards at Hong-je-wun, outside the West Gate over the Peking Pass. They then live in wild longing for each other until finally they are married, and go on a trip to the Diamond Mountains. They extend their joy-ride to Eaglet Island where & puff of wind catches them and they are driven out to sea never to be heard of more.

From a literary point of view it is a hopeless book, written by someone quite illiterate. The old stories like the Turtle and the Rabbit were written by practised hands; but not so books today. The noticeable thing about the book is, that it pretends to be thoroughly Western, up-to-date, even to the wedding journey. It is a great pity that the East should throw away her well won characteristics for these will-o'- the-wisps of the West that she can never overtake.

(*The Korea Bookman*, March, 1923)

4. A History of the Korean People

Chapter ⅩⅩⅩⅧ

For ten years one of the most fascinating parade groups seen whisking through the streets of Seoul was that of Yuan Shih-kai. He was the representative of the great mother state, and so took precedence of all other nationals. When he entered the Palace, it was through the great central gates reserved for royalty. He himself was a young man of pleasant manner, genial expression and agreeable tone of voice, a fitting agent of the great Li Hung-chang. Korea was the stage on which he made his debut and Seoul the decorated scene of his first part of the play. From here on, until Oct. 6th, 1913, when he was elected President of the Republic, he kept steadily on his upward way. Then, like a rocket that explodes and is gone, he and his imperial robes, and all his high-falutin paraphernalia, suddenly snuffed out, and China was left to the confusion of darkness in which we behold her today.

Kim Ok-kyoon had fled to Japan at the close of his political fiasco, and lived there for ten years until the matter was forgotten ; for a friend of days gone by, named Hong Chong-woo (洪鍾宇) paid him a visit. Hong was an old acquaintance and gave him much interesting news. How charmed Kim was to have this call. Later on, urgent business summoned Hong to Shanghai and he invited Kim to accompany him-no danger whatever ; Korean police were not there. Kim, never a very wise man, went. On a gusty March day in 1894 as he was having a quiet siesta friend Hong stealthily drew a gun from his pocket and quick as lightning blew Kim's brains out. Had it happened in Japan Hong would have swung from a rope-end, but knowing this, he inveigled his unwary victim to China, where men may do what is right in their own eyes. China took note; commended the act as a very proper squaring of accounts with a rebel, and sent Hong and the body home to Chemulpo in a man-of-war. There, on April 14th, the gruesome remains were divided into portions and hung up to view. This revolting custom of old Korea is akin to what existed with us a hundred years or so ago, on which account it need call for no surprise, nor any special comment. Human nature feels more keenly the horrible things done by others than those done by herself. Cromwell's grinning head, set on a pike-point on Westminster Hall, continued for twenty-three years to scare the kiddies of St. Martin's Lane. The mistaken notion that this would warn the world and dissipate the spirit of rebellion seems to have been common to all humankind.

Korea was nervous over the sudden influx of foreigners who, like uncanny birds, swept in on all hands uninvited. Following in the wake of these were rumours of every sort ; one, peculiar to 1888, was that Korean children were missing here, there and everywhere ; seen today and gone tomorrow. Most weird stories were told the writer, which ended in the general conclusion that foreigners had a bent for the flesh of little children. It seems to have been a view common to all of East Asia and doubtless took its rise from the Chinese text of John's Gospel: "Except ye eat the flesh of the Son of Man" which a person ignorant of the thought could easily render : "Except you eat the flesh of a man's child and drink his blood." The passing of time gradually dissipated this monstrous misconception and wafted its remains away.

During these years a very peculiar person rose to fame and fortune out of a witch's den that hid itself in a deep recess back of the Confucian College. A record that I find written in scholarly Chinese reads, "She was like a fox full of evil and called herself a daughter of King Kwan, the God of War. By means of her deceptive words she took princes and prime ministers by storm : she had herself named Chin-lyung Koon (真靈君) Princess of the Immaculate Spirit." To this one she said, "Brother to that one, "Son," and all the world was at her feet. So mightily did her power prevail that even Provincial Governors were sent out at her bidding." She once called on the writer with her numerous retinue, explaining that she was in touch with spirit beings and asking that he pray to his God for her likewise, so that all power might be committed to her keeping. She presented him with a gilded dragon seal two and a half inches square on which is carved, the Seal of Marquis Han-soo (King Kwan, the God of War). She was a woman of very gentle manner and refined speech, I marvelled that one so softly and engagingly equipped could be the driving-force that she was said to be. She was the first woman commoner ever denominated 'Princess' by a Korean king. At her bidding, all the joss-houses of the land swung open ; Kwan's side temples, too, were engaged for prayer. In view of it one Korean writer says, "The purpose of prayer of course is blessing, but here we were cursed instead." Finances ran low, while in and out of the Palace went characters not unlike Sinton of five hundred years before. Every weird creature, who had even a ghost to suggest, was assured of a hearing.

Under the year 1894, the 30th year of His Majesty's reign, I find this record, "In the last years of Chul-jong there was a man of Chung- joo named Choi Pok-sool who, in the name of religion, gathered about him a sect called the Tong-hak (東學). Orders went out for his arrest, so that, finally, he was taken, tried at Taiku and beheaded. Among his disciples was a certain Choi Che-oo (崔濟愚), who, with a great concourse of followers, came up to Seoul and bowed before the Palace gates. Many called for his execution but the Government hesitated. He was said to be in touch with invisible spirits and Princess Chin-lyung counselled care. His Majesty issued a proclamation that in part read, "Five hundred years have passed and the world has fallen into exceeding great evils, so that now every man does what is right in his own eyes-very bad ! The law of the curse has upset the whole human race and totally blinded my people. What you call Hak, or Learning, said to be to the honour of God, is in reality an attempt to deceive God. For what purpose do you act thus ? Your building of walls ; your flying of flags : your scattering of leaflets merely stir up the people. Such practices will bring on Korea a sea of troubles and end in war."

But the Tong-haks kept on, and a succession of failures on the part of government troops aroused his Majesty's fears for the State, and sent a letter calling on Li Hung-chang for help. At once, as a kind suzerain should do, China sent a force to Asan. Before landing, one of their transports, the Kowshing, was encountered by a Japanese man-of-war and after a short sharp parley was sunk with all on board. A little later, war was declared by Japan and China was defeated hopelessly in several engagements. The order, the discipline, the excellent methods of the Japanese drove all before them and changed the face of the Far East in a single day. Behold how Korea's fortunes were reversed. Here was her revered suzerain, her mother state, her "guide, philosopher and friend" from time immemorial reduced to nothing: while Japan, hardly recognized as yet, had arisen to be a world power. New understandings had to be arrived at; new treaties ; new declarations FA new adjustments. From henceforth China was left out and Japan was the master hand that held the balance of power in East Asia.

Immediately opposing parties sprang into being in Korea, one, the Japanese party of which the leading character was the old Re gent and the other, the Conservative party, backed by Queen Min. Many things were happening, many changes were coming about, but one thing that changed not was the enmity of the King's father toward his strong-minded daughter-in-law. It continued till one sombre morning, Oct. 8th, 1895, when the echoing of gun-fire was heard from the direction of the Palace. What did it mean? Later in the day it was announced that the Queen had been assassinated and that Japanese secret agents had been used to do it. So ended the life of the kindly, brilliant, strong-minded, but too superstitious woman, who allowed her great influence to be used in a way that enfeebled and impoverished the state. The so-called Reform Party held the Palace in their control till Feb. 1896 when the King and Crown Prince made their escape, deeply buried in a sedan chair, and arrived at the Russian legation, where they continued to reside for the space of a year. This again set the spark for a new and more terrible explosion.

Russia's hold on the King was in direct defiance of Japan and this the latter saw and took note of. Little by little, under favour of His Majesty, the Russians were given Yong- am-po, promised Маван-po and blessed with this and that, so that the day could not be far distant when Japan would have to settle accounts or forever knuckle under. Again, with the most exacting care and counselled by the wisest military experts, she made her preparations for land and sea attacks and bided her time. This continued until 1904 when one day (Feb. 9th) the booming of heavy guns in Chemulpo shook the entire city of Seoul. It was the opening announcement of the Japan- Russia War. The result of this first engagement was that there lay in Chemulpo Harbour, like dead corpses, three Russian ships the Variak, the Korietz, and the Sungari. Half-drowned and wounded Russians were all about but not a Japanese was to be seen. The fight was over and they were off for fresh fields.

The rest of the war, though little noticed in Korea, had a tremendous influence on her future. The great sea victory off the Yaloo; the battle of Mukden and the final expulsion of the Russians from Port Arthur settled all questions of dominion as far as the East was concerned. Russia had been great; great in stature ; great in empire ; great in name (white Czar 白王, making 皇) but it was gone, never to return, and her fall in the Far East had much to do no doubt with the great European War and her final fate, an old Korean scholar, careless in dress, droll of speech, but sound of understanding once said to the writer, "We Koreans started the World War-and so we really are a world, wide people after all." "How do you make that out ?" I asked. "Follow me now'* said he, "and you will be convinced. · We called, forth the Tong-haks, didn't we ? The Tong- haks made it so uncomfortable for His Majesty and the home government that they had to call in China. China came, which at once roused Japan to take a hand. There was war and Japan beat China, to the astonishment of the world and especially of Russia, who said to herself, "I must checkmate this Island Empire or I am in for difficulties." For this purpose she won over the King of Korea and lodged him in her legation. Japan meanwhile tightened her belt and got ready. When the time appointed by the fates came, they went at it "hammer and tongs" and who would have thought it ? Russia was beaten, and up went Japan. Germany seeing Russia knocked out said, "Now's the time for me to deal with her too ; something that has to be done sooner or later," and so she turned her empire into a mighty training camp that lasted for ten years, and then the Great War broke on the world. Assuredly our little Tong-haks set a going to the mightiest world conflagration that history records." I listened to this, and said, "Why, yes, it looks as though there was something in what you say."

Following the Russian defeat came Ito, Minister Plenipotentiary, determined that never again to the damage of his country should a foreign power gain such a foothold in Korea as Russia had gained in Yong-am-po. By the pressure of his hand he hurried the Government through a form, acknowledging the suzerainty of Japan, and from that day to this Korea's fortunes have been one with the Island Empire. Ito's death speeded up annexation which took place in 1910. With regret we see the little kingdom, that had played its part so valiantly through two millenniums, go down. But all things-fate, fortune and the times she had fallen on - combined against her. Her King was unwise, his advisors untutored, so that the days that should have been spent in useful preparation were frittered away in useless talk, to the sacrifice of those essential activities on which a country's foundation must rest.

Many changes had come to pass in the habits and lives of the people, the dark streets of Seoul had become lighted ; cholera epidemics had given way to a "pest of bicycles" as Dr. Allen well designates them in his "Chronology." The Tai-wun-koon and Queen Min had both passed on their way to the spirit world. Women were out in the open, veiled habits flung aside. Tram-cars now vigorously sounded the gong and railway trains went screaming through the night. The old hat and headband were off and the Barber's Guild was running a lively business at every street corner. Western cut of garb, Western hats, Western boots were everywhere. The sedan-chair, relegated to the East Palace Museum, had been replaced by the ricksha. Again the ricksha had been jostled off the highway by the motor-car. Schools were opened everywhere and farmers' sons along with princes and peers were laboring to grope their way through problems of geometry and cube-root.

Many noted men of the West had come and gone, of recent years, who had seen the declining fortunes of this ancient, cultured people with saddened eyes. Among them was Prince Henry of Prussia. He found in Korea what princes so seldom know, namely, the joy of a walk, unnoticed and unmolested, -he and his dachshund, free as the humblest, no man caring anything about him. Curzon came, peeped in and spoke of the problem of the East. William Jenninga Bryan, in a genial speech of an afternoon, told a congregation of young men where Korea's only hope lay. Jack London browsed about till he had picked up materials for his terrible story The Jacket, Lord Kitchener landed and looked for a moment with his cold, unresponsive eye. Lord Bryce was interested tremendously in these people, whose lives were impregnated with the spirit of literature, poetry, colour, ceremony, music and all the other ingredients that make up a highly cultured race. He wrote of them and thought of them to the last. A long list of passers-by who have come and seen and taken note that, though Korea was a part of the Far East, she differed from China on the one hand and Japan on the other. China had been mixed with many barbarian races. Japan, too, was different, a Buddhist people thrilled with the sense of enterprise and a boundless future; while Korea, overburdened with her weight of Confucian dignity, treated all innovations with contempt.

The end of the 19th century really marks the end of Korea. Since then Western so-called civilization has come in with overwhelming volume that nothing could withstand. Before its juggernaut wheels the Chinese classics have gone down and the old course of study of them that had prepared men for office. Old religions, that had comforted the soul and held society together for centuries, were forgotten. All the ancient forms of the East were flung to the winds in exchange for the inextricable confusion that we see today. China, to be sure, is in a similar plight, with the downfall of the old empire and the oncoming tidal wave of Western notions, she too is drifting, whither none can tell. We weep over old Korea, a victim, not so much of political agencies, as of the social and intellectual revolution that has come in from the West.

We have unwittingly been the destroyers of East Asia, in which Korea is involved. To her the West evidently does as it please, why should not she ? The West does not bother about father and mother, why should she ? The West has no barriers between the sexes, why should she have ? In everything that she beheld of the West religion counted as nothing, why should she bother about it? Labor-unionism, Communism, Socialism, Bolshevism, Anarchism, certainly expressed the real mind of Western nations, why should not she take a hand and be the same ? Why should she sing in falsetto when the West sings with the whole throat open and full steam ahead ? Why use the brush pen ? Why not paint in oil as the West paints ? Why not play on trombone and violin ? Why not go whirling off for joy-rides, boys and girls ? Why not be divorced at pleasure ? Why not be up-to-date as the West is up-to- date ? This wild dream, outdoing anything Jack London ever envisioned, well expresses the mind of the advanced youth of the city of Seoul in these days of confusion.

As we close let us once more glance at the Korea that is gone, the land of the Superior Man, as China long ago said of her ; the land of the scholar ; the land of the book and the pen; the land of the beautiful vase and polished mirror ; the land of rarest, choicest fabrics; the land of poems and painted pictures ; the land of the filial son, the devoted wife, the loyal courtier, the land of the hermit, the deeply religious seer whose final goal was God.

Let me close this history by repeating the earliest recorded verse I can find, written in 17 B. C. by King Yoori of Kokuryu and quoted in Chapter viii, but incorrectly copied. King Yoori's wife had left him and he, seeing a pair of orioles so happy together, says to the male bird;

    Thou lilting, joyous, yellow birds

    Who mate to live and love each other :

    While I, alas : unloved, unheard,

    Have lost my everything, sweet brother.

In this closing paragraph let Viscount Kim Yoon-sik (金允植)

who died on Jan. 21st, 1922, speak. Head of the Confucian College, a true Korean chief and patriot, how much he suffered for his country. Long years in exile, disgraced by the old Government, imprisoned, degraded, condemned ; and yet always a gentleman, kindly of speech, temperate in habit, beautiful of face. One of the treasures the writer carries away from Korea is a copy of his works in eight volumes, given with his photograph and an autograph letter. One of the first poems I find is this:

The Departing Swallow

You guard your fledgling's budding beak,
And twittering teach him how to speak;
Your thousand labours eve and morn
Declare him dearest ever born.
Upon our coloured eaves you light
And build a nest in Madame's sight ;
She loves you, dear, both she and I,
And yet you think to leave us, why ?
With endless twittering spring has fled
And here is autumn, rustling, dead.
'Mid waxing cold you sit so still,
And show no life or winged skill.
When you arrived 'twas two no more.
But now on going you are four.
You said, as wide you circled free,
"Our coats are black, great lords are we."
You skimmed the flower and tipped the stream

But now you're gone, a dream, a dream.
The cricket, whiles, a witless wight,
Keeps up his cheeping all the night.

(The Korea Mission Field, Vol. 23. September, 1927)